# Briefe von Wilhelm Hübsch

*an seine Eltern Karl Samuel Hübsch und
Friederike, geb. Pagenstecher
1833-1838*

Briefe von Wilhelm Hübsch

an seine Eltern Karl Samuel Hübsch und Friederike, geb. Pagenstecher

1833-1838

ISBN: 978-3-949 197-63-5

©Texianer Verlag
Tuningen
Deutschland
www.texianer.com

## COVER PHOTO

Familie Hübsch in Weinheim, Baden, ca. 1806
**abgebildet:**

Carl Samuel Hübsch und Sophie Friederike, geb. Pagenstecher, mit sechs ihrer acht Kinder.
**Heinrich (1795-1863)** verh. Heller
*seines Vaters Arm haltend*
**Charlotte (1798-1850)** verh. Wundt
*ihres Vaters Arm haltend*
**Carl Ludwig (1800-1860)** verh. Borngässer
*unten stehend*
**Johannetta (1803-)** verh. Seyd
*in weiss*
**Wilhelm(1804-1866)** verh. Holtz
*in rosa*
**Eleonore (1805-1885)** verh. Stockhausen
*in den Armen der Mutter*

**nicht abgebildet**
Amalia Carolina (1796-1797)
Carolina (1806) verh. Stehberger
nach Anfertigung des Bildes geboren

*Wilhelm erwähnt oft seine Geschwister und Schwäger bzw. Schwägerinnen*

*Einige Erklärungen:*

*f = Gulden*

*fn = Heller*

*Abweichen = Durchfall*

*Arkansas = Staat der USA und Nebenfluß des Mississippi*

*Little Maumelle (nicht Mamelle, wie Wilhelm schreibt) = Zufluß zum Arkansas, an dem Wilhelms Farm lag*

*Montgomery Point = Wirts- und Handelshaus an der Mündung des Arkansas in den Mississippi, bestand nur wenige Jahre*

*Indianerfuhr = Um den neuen Siedlern die kriegerischen Auseinandersetzungen zu ersparen, kauften die USA den Indianern das Gebiet von Arkansas stückweise ab und verpflichtete die Siedler dazu, die indianischen Völker westwärts in das noch freie Land zu transportieren. Hierfür wurden nach Bedarf private Unternehmer engagiert und bezahlt.*

# Inhalt

Vorwort .......................................................... 7
Vorgeschichte ............................................. 11
1. Brief ......................................................... 15
2. Brief ......................................................... 31
3. Brief ......................................................... 63
4. Brief ......................................................... 69
5. Brief ......................................................... 81
6. Brief ....................................................... 113
7. Brief ....................................................... 119
8. Brief ....................................................... 129
9. Brief ....................................................... 147
10. Brief ..................................................... 151
Brief an Krück ........................................... 157
11. Brief ..................................................... 165
Das Weitere ............................................... 173

# Vorwort

Wilhelm Hübsch, geb. Weinheim 1804, war der jüngste Bruder unseres Urgroßvaters Carl Ludwig und des berühmten Baumeisters Heinrich Hübsch. Wir wußten bisher nicht viel von ihm. Er war uns nur ein Begriff als Vater der Bodensee-Malerin Franziska Hübsch und wird in der Familienchronik liebevoll spottend als der starke „Pascha von Philippsburg" bezeichnet.

Bei der Durchsicht von Krafft Hübschs[1] Truhe mit Familiendokumenten fanden wir eine Anzahl winzig klein und dicht beschriebener Briefe. Bei näherer Untersuchung stellte sich heraus, daß es Reise- beziehungsweise Auswandererberichte aus Amerika waren, die von der Hand des Urgroßonkels Wilhelm stammten.

Zunächst übertrug ich einen von ihnen in Schreibmaschinenschrift, was recht mühsam war. Aber allmählich packte mich der Eifer, denn es zeichnete sich da ein höchst lebendiges Bild von der Persönlichkeit des jungen Wilhelm, von der Familie Hübsch, vor allem aber auch von der damaligen Zeit und den kaum vorstellbaren Beschwernissen, mit denen die deutschen Auswanderer in Amerika zu kämpfen hatten,

---
[1] Krafft Hübsch ist ein Urgroßneffe des Amerikafahrers.

speziell die Gruppe von etwa 140 Personen, mit der Wilhelm reiste.

Ein besonders freundlicher Zufall wollte es, daß gerade zu der Zeit, in der ich die Briefe übertrug, Mrs. Ruth Rector in Amerika sich ebenfalls für diese Auswanderergruppe zu interessieren begann. Sie unternahm die Nachforschungen als eine von den zahlreichen Nachfahren dieser Deutschen in deren Interesse. Und so knüpften wir gemeinsam die verlorenen Fäden dieser Geschichte von verschiedenen Enden her neu zusammen[2].

Um die Briefe ganz verständlich zumachen, muß ich etwas Vorgeschichte berichten, füge auch – gewissermaßen als Lesezeichen – ein Schema von der damaligen Familiensituation bei, damit man weiß, auf wen Wilhelm sich gelegentlich in seinen Briefen bezieht. Die Briefe selbst habe ich so gelassen, wie sie sind, nur bin ich allmählich während der Arbeit des Übertragens dazu über gegangen, die heutige Orthographie zu verwenden und an einigen wenigen Stellen heute Unverständliches in unsere Sprache zu übersetzen, um die Lesbarkeit zu verbessern. Die ersten Briefe mochte ich jedoch in der altväte-

---

[2] Durch diese gemeinsame Tätigkeit konnten mindestens zwei amerikanische Familien ihre deutschen Wurzeln entdecken.

rischen Form belassen, um die Originalität der Berichte zu zeigen und um das Gefühl dafür zu verstärken, daß diese Ereignisse, die sich in der ersten Hälfte des 19. Jahrhundert zugetragen haben, bereits Geschichte sind.

Bei der vorliegenden Abschrift handelt es sich übrigens um eine Abschrift von einer Abschrift, die wohl Wilhelms Tante Maria Eleonora anfertigte, weil in der Familie vielfältiges Interesse an dem Ergehen des ausgewanderten Bruders bestand. Die Originale dieser Briefe waren im Besitz der Tochter des Verfassers, Franziska, einer Malerin. Sie sind bei einem der Bombenangriffe auf Karlsruhe im zweiten Weltkrieg wahrscheinlich verbrannt.

Gelegentliche Fehlstellen im Text entstanden durch Worte, die beschädigt oder aus anderen Gründen nicht zu entziffern waren.

Hella Hübsch, Freiburg i.Br., 1980 / 2021

# Vorgeschichte

Wilhelm wurde am 20. März 1804 als das sechste der acht Kinder von Karl Samuel Hübsch und Sophie Friederike, geb. Pagenstecher in Weinheim geboren. Er wuchs in der uns bekannten „Alten Post", dem gewaltigen Fachwerkbau mit Hof und Nebengebäuden heran, im Kreise nicht nur von Eltern und Geschwistern, sondern auch von benachbarten Vettern, Basen, Tanten und Onkels sowie des Gesindes der Postmeisterei. Er hatte die außergewöhnliche Körperkraft seines Großvaters Pagenstecher geerbt, lernte aber auch die Feder gewandt zu führen. Am 2.Mai 1825 immatrikulierte er sich an der Universität Heidelberg und studierte Jura. 1829 bestand er das Abschlussexamen und war nun Rechtspraktikant (heute Referendar). Danach verbrachte er 3 Jahre – von Januar 1830 - Februar 1833 – ohne Anstellung in Weinheim. Er arbeitete – ohne Entgelt – wohl bei der Stadtverwaltung; daß aber er selbst wie auch seine Familie diesen Zustand als drückend empfand, ist nur allzu verständlich.

Bedrückend war auch die allgemeine wirtschaftliche und politische Lage dieser Zeit. Schon Wilhelms ältester Bruder Heinrich, der später so berühmte Architekt und Oberbaudirektor in Karlsruhe, hatte nach abgeschlossenem Studium zwischen 1822 und 24 zwei Jahre ohne Stellung verbracht und sie mit Unterstützung seiner Eltern zu weiteren Studien in Italien benutzt. Es waren die Jahre vor der Industrialisierung, in denen der Bevölkerungsüberschuss keinen Platz mehr auf dem Lande fand, und in den Städten noch keine ausreichende Beschäftigung vorhanden war. Hinzu kam die gärende Unruhe durch die revolutionäre Nachbarschaft Frankreichs, sowie die Idee der nationalen Vereinigung aller Deutschen. Die liberale Bewegung nahm zu; und die Fürsten der kleinen Staaten versuchten dieser Unruhe durch Zensur und Härte Herr zu werden, was zunächst noch gelang. Das Hambacher Fest 1832 jedoch war schon ein Vorzeichen der späteren badischen Revolution.

Ob Wilhelm Hübsch als Student der Universität Heidelberg an der liberalen Bewegung Anteil genommen hat, ist uns nicht bekannt, erscheint aber nicht wahrscheinlich. Es entstand jedoch zwischen den anwachsenden revolutionären Kräften und dem polizeistaatlichen Druck ein Gefühl der kommenden Bedrohung jeglicher Existenz, verstärkt durch die noch ziemlich frische Erinnerung an die französische Revolution und die Umwälzungen und Kriege zur Zeit Napoleons. Dieser politische Druck und die wirtschaftliche Misere waren es, die bei vielen Deutschen die Idee der Auswanderung aufkeimen ließen.

1829 erschien ein Buch von Gottfried Duden: „Bericht über eine Reise nach den westlichen Staaten Nordamerikas und einen mehrjährigen Aufenthalt am Missouri in Bezug auf Auswanderung und Übervölkerung", das starke Verbreitung fand und Begeisterung auslöste. Auch Wilhelm las es und bezieht sich in seinen Briefen zuweilen auf diese übertrieben rosige Schilderung vom billigen Leben in der freien und üppigen Natur Amerikas.

1832 veröffentlichten Münch und Follenius einen Auswanderungsplan für 1000 Personen, die in zwei großen Gruppen 1834 nach Amerika aufbrechen sollten. Diese Veröffentlichungen müssen wie ein zündender Funke gewirkt haben, der die Reisegesellschaft auf die Beine brachte, mit der Wilhelm 1832 Kontakt bekam und die sich Anfang 1833 grüppchenweise nach Bremen in Bewegung setzte.

Mit Wilhelm reisten Barbara Lippert und ihr Bruder, wohl als Gesinde auf der zu erwerbenden Farm gedacht, sowie Adam Kreis, alle aus Weinheim. Ferner war ein Weinheimer namens Krück bei der Gruppe. In Bremen kam es jedoch im Ratskeller zu einem Auftritt, in dessen Verlauf Krück – unbekannt ob aus privaten oder welchen Gründen auch immer – verhaftet wurde. Wilhelm nahm Krücks Sachen (Effekten) auf dessen Bitte an sich, ebenso sein Geld und brachte alles mit auf das Schiff „Olbers" in der Hoffnung, Krück werde rechtzeitig bis zur Abfahrt des Schiffes freikommen. Das war jedoch nicht der Fall, so daß Wilhelm Krücks gesamtes Eigentum auf dem Halse hatte.

Die gesamte Reisegesellschaft bestand aus 140 Personen aller Stände. Es waren Adlige, Akademiker, Handwerker, Kaufleute, Bauern, Dienstpersonal, Wohlhabende, aber auch Arme, die kaum den Passagepreis bezahlen konnten. Eine führende Rolle spielte Pastor Klingelhöfer aus der Wetterau, ob auch bei der Gründung der Reisegesellschaft, ist unbekannt, jedoch mit Sicherheit bei der Organisation, der Buchung von Schiffsplätzen auf dem Segelschiff „Olbers", Abrechnung der Passagekosten etc. Es wurde ein leitender Ausschuß gebildet, zu dem auch Wilhelm gehörte, ferner die Brüder Karl und Georg Sandherr aus Worms. Der Kapitän der „Olbers" hieß Exter. Schiffslisten sind leider gerade von dieser Fahrt nicht erhalten.

# 1. Brief

Atlantischer Ocean 32° Breite 26°Länge
von London den 17. März 1833

Liebe Ältern, Geschwister, Verwandte und Freunde!

Dieser Brief nimmt seinen Anfang mit einem schmählichen Pech des Freundes König. Ich bat ihn nehmlich um sein Schreibkästchen, weil ich keine Schreibmaterialien besitze; als ich es auf meinem hoch neben dem Schiff angebundenen Kahn, wo ich schreiben wollte, halte, wollte er an den Seilen zu mir heraufklettern, um es aufzuschliessen; er wollte dabei seine Sache so schnell als möglich machen, und sein adelicher Siegelring fiel herunter in das Meer; er zeigt sich jedoch ganz gefasst.

Nachdem ich in Bremen meine Angelegenheiten gehörig geordnet hatte, fuhr ich mit den andern Ausschussmitgliedern in Begleitung des Schiffsherrn am 4. März Mittags 12 Uhr auf dem Dampfschiff der schon vorausgegangenen Gesellschaft nach auf unser 8 Stunden weiter liegendes Seeschiff Olbers. Wir kamen gegen Abend an, und den 5. März morgens 10

Uhr wurden die Anker gelichtet. Wir haben von Anfang bis jetzt ausgezeichnetes Glück gehabt, denn wir durchfuhren mit unserem guten Ostwind die N. See und den Canal in 6 Tagen, welche Strecke ohne diesen Wind unter 14 Tagen nie zurückgelegt wurde; ebenfalls mit sehr gutem Wind und mit ausserordentlicher Schnelligkeit, durchfuhren wir das nicht minder gefahrvolle biskaysche Meer. Wir haben nun bald die Hälfte des Seewegs in Stunden zurückgelegt und gar keine Gefahr mehr zu fürchten, denn wir kommen bald in die günstigen Passatwinde und ist jetzt schon an keinen Sturm mehr zu denken. Der Schiffskapitän, mit welchem ich ganz ohne meinen Willen in ein vertraulicheres Verhältnis kam, sagte mir, es sey sonderbar mit unserer Fahrt, denn es hätten sich dabey schon fünf Glücksfälle ereignet,

1. sey das Wasser ganz gegen Erwarten vom Eis frey geworden,

2. sey das so schlimm im Hafen gelegene Schiff wie mit einem Wunder von seinen Hindernissen befreyt worden,

3. sey den andern Tag nach unserer an Bordnahme der vorher immer conträr gewesene günstige Wind eingetreten,

# 1. Brief

4. hätten wir den N.O. Wind durch den Canal gehabt und jetzt hätten wir gegen alle Regeln den für uns günstigen N.W. Wind und

5. hätten wir bey dieser Jahreszeit auf der grossen Fahrt gar keinen Sturm gehabt.

Er sagt ferner, dass wir jetzt ohne Zweifel den Weg in kürzerer Zeit zurücklegen würden, als dies seit 200 Jahren von Europa aus geschehen sey, denn die kürzeste Fahrt sey bis jetzt von Frankreich aus in 38 Tagen geschehen, und wir hätten die grösste Hoffnung in 30 Tagen nach Neu-Orleans zu segeln.

Der Mann ist sehr vergnügt über seinen zu hoffenden Ruhm. In der N. See und im Canal beggegneten wir sehr vielen Schiffen, seitdem aber keinem mehr als gestern Mittag einem englischen, welches wir einhalten und in einer Nähe von 30 Schritten an ihm vorbeifuhren. Die beyden Kapitäns sprachen miteinander, sagten sich, woher sie kämen und wie viel Uhr ein jeder habe; unserer sagt mir, er haben den andern Kapitän weiss gemacht, er habe 1500 Menschen an Bord, worüber ich selbst sah, dass der fremde Kapitän die Hände über dem Kopf zusammen schlug. Heute früh erblicken wir noch ein amerikanisches Schiff auf unserer linken Seite, beyde haben alle Segel aufgespannt um mit uns fortzukommen, allein wir ziehen jetzt alle Segel, deren wir in pleno 28 haben, auf, um ihnen vorzueilen; dies thut *uns* der Capitän zu Gefallen, weil er sieht, dass wir Spass daran haben. An den ersten Tagen hatten wir kaltes Wetter, noch kälter wie bey uns, allein heute ist ein vollkommener Junitag, wozu es stufenweise gekommen ist; Morgen baden wir, und so wird es bis zu einer unangenehmen Hitze fortsteigen. Mir ist dieses Wetter sehr behaglich. Von dem grossen Eindruck, welchen der Anblick der See auf alle Menschen macht, habe ich nichts empfunden, es mag dieses von der grossen Abspannung, welche ich in der letzten Zeit empfand, herkommen. Eben so wenig empfinde ich von dem sonderbaren Gefühl, dass man nicht mehr als Himmel und Wasser sieht; ich meine, es müsste nichts festeres geben, als unser Schiff. Bey dem starken Wind, welchen wir früher hatten, schwankte es sehr und wir sahen an den andern Schiffen ein Beyspiel, wie schauderhaft und gefährlich es aussieht, auch fuhren sehr oft zum Gespött derer, die davon benässt wurden, Wellen auf das Verdeck. Fische haben wir noch nicht viel gesehen und dies nur über mausgrösse, welche neben dem Schiff herschwammen, sodann mehrere Meerblasen und die feurigen Funken im Meer zur Nachtzeit. Die Seekrankheit hat kaum die Hälfte der Leute befallen und dabey nur ... hart, am härtesten aber den sonst sich so brüstenden Seehelden Zinko. Unter allen Menschen blieb ich und unter den Hunden das Butzenmännchen ganz unangefochten, sogar ohne den geringsten Schwindel; mir ist dies um so auffallender, weil die Mutter immer prophezeite, ich würde die Seekrankheit tüchtig bekommen und ich dies selbst glaubte, dabey hatte ich in Bremen mit meinem guten Freund Dr. Balke des Abends manchmal gekneipt und meinen Magen gar nicht geschont, wie ich mir vorgenommen hatte. Auf dem Schiff selbst schmeckte mir das Essen und Trinken wie zu Haus, kurzum, ich habe mich in nichts geschont. Ich schreibe diesen Glücksumstand lediglich meiner ganz vorzüglichen Klappe zu, denn diese funktioniert jeden Morgen und Abend, nach wie vor *meisterhaft* und alle diejenigen, welche keine Öffnung hatten, befiel die Seekrankheit mehr oder minder; das ganze ist aber nicht der Mühe werth, dass man davon spricht und mir leid, dass ich mit dieser unschicklichen Sache meinen Brief beschmutzen muss. Die Schiffskost ist für diejenigen, welche sonst nichts bey sich haben, etwas schmal, allein uns, dem Grollmann, König und mir, die wir uns täglich mehr brüderlich lieben und zu unser aller Vortheil näher kennen lernen, geht es gut, wir haben gemeinschaftliche Menage gemacht und können uns in meinem Wallbrunschen Kochmaschinchen immer etwas extra kochen. Dazu haben wir uns an Hauptmann Wilhelm angeschlossen, so dass wir sehr zufrieden seyn können; an Getränken aller Art fehlt es ohnehin nicht, da ich in Hameln 5 Fässchen sehr gutes Bier für uns kaufte. Ich will nun schliessen, wenn wir zu Neu-Orleans landen, werden ich das bis dahin sich Ereignende Bemerkenswerte noch beyfügen. Beysetzen muss ich noch, dass dem König in den ersten Tagen seine spitze Kappe vom Wind über Deck gejagt wurde und wir nur bedauern, dass das Recept davon nicht mehr vorhanden ist.

Fortgesetzt 43° Länge W.lich v. Greenwich u. 20°N. er Breite den 1, April 1833.

Sie werden aus dem Datum mit dem Ort, wo wir gegenwärtig sind, verglichen, sehen, dass aus der Hoffnung, die Reise in der vorbemerkten Schnelligkeit zu machen, nichts geworden ist. Es ist aber auch gegen alles Erwarten von Ablauf des Tages, von welchem mein erster Brief datiert ist, bis heute entweder gänzliche Windstille gewesen oder der Wind war so schwach, dass das Schiff nur 1-1½ Stunde und weniger in einer Stunde zurück legte; sogar an dem 20. März, an welchem Tag die Sonne durch den Äquator ging, neues Licht und zu allem Überfluss noch eine Mondfinsternis war, blies nicht einmal ein mittelmässiger Wind, so bey vorbe-

# 1. Brief

merkten Umständen nach Angabe der Schiffsoffiziere ein Sturm so sicher wie 1+1 ist. Die Passatwinde liessen uns ganz im Stich, Wir haben in diesen 12 Tagen keine 300 Stunde gemacht, denn am 17. März hatten wir schon 1400 Stund zurückgelegt, 3000 Stunde ist der ganze Seeweg und über 1300 Stunde haben wir jetzt noch zu machen. Heute früh mit dem 1. April, eigentlich gestern Abend schon, erhob sich jedoch wieder ein günstiger Wind, der sich aller Hoffnung nach noch verbessern wird, so dass wir doch eine ganz gewöhnliche Fahrt hinsichtlich der Schnelle haben werden. In meinem dritten Brief von N.Orleans wird hierüber Licht aufgehen. Der Lauf des Schiffes wird den Tag über sehr oft auf folgende Art gemessen. An einer langen Schnur hängt ein herzförmiges Brettchen mit ein wenig Bley beschwert, die Schnur selbst, ist auf einer sehr geläufigen Rolle aufgewickelt. Das Brett wird in das Wasser geworfen, und die Rolle, welcher Einer mit beyden Händen hält, bis zum Ablauf einer 28. Sekunden haltenden Sanduhr, welche ein Anderer hält, laufen gelassen, es wird sodann nach dem langen oder kurzen Stück der abgelaufenen Schnur die Schnelligkeit des Laufs berechnet, Ich selbst halte gewöhnlich die Rolle oder die Sanduhr. Dem Capitän habe ich jetzt schon 2 Bouteillen Wein abgewonnen, indem wir über den Lauf des Schiffes wetteten. Der Schiffe haben wir auch hier wieder mehrere gesehen, *heute* wieder eines. Wir haben Wetter wie bei uns im mitten Sommer, 28-26° Wärme, am 24. März habe ich zum erstenmal gebadet und seither jeden Abend. Wir haben seither ausser den im ersten Brief beschriebenen s.g. Dümmlern auch Delphine gesehen, welche an 2 Fuss lang und mit allen Farben geringelt waren, sodann noch fliegende Fische, welche wie eine Schwalbe 40-50 Gänge auf der Meerfläche gerade und zickzack gerade wie bey uns die Schwalben fliegen; dies ist sonderbar, sie fliegen oft weiter als 50 Gänge, und indem sie kaum merklich das Wasser berühren, sieht man sie oft sehr lange auf der Oberfläche, so dass jeder, welchem man es nicht sagen würde, diese ganz weissen Fische für weisse Schwalben halten würde. Wir haben Angeln schon über 8 Tage hinter dem Schiff hängen, allein es ist noch nichts daran gegangen, heute habe ich Karls Büxflinte geladen um nach Dümmlern zu schiessen, wenn sich zeigen.

Ich kann mir denken, dass die Beschreibung des Schiffes für Sie von großem Interesse ist, ich mache daher ein Plänchen, so gut ich kann, auf einem Blatt. Ich muss gestehen (ein Schiff ist etwas Grossartiges und statt dem Innwohner mit jedem Tag kleinartiger vorzukommen, wie es das Schicksal anderer Gegenstände ist, so muss ich mit jedem Tag die Grossartigkeit einzeln

# 1. Brief

und im Allgemeinen immer mehr bewundern; dies mag wohl auch darin seinen Grund haben, weil wir ein sehr grosses 3 Masten-Schiff haben.

An Raum fehlt es zwar nicht, wenn man nicht verlangt, ungestört und ganz weg von aller Gesellschaft sitzen oder stehen zu wollen, denn obgleich das Verdeck des Schiffes nicht kleiner als unser Hof ist, mit wessen Form es sehr viel Ähnlichkeit hat, so kann man sich denken, dass die mit den Matrosen 400 betragende Menschenzahl, welche bey diesem Wetter gewöhnlich darauf herumwimmelt, keinen Überfluss an abgesonderten Ecken zulässt.

Das Verdeck selbst wird jeden Morgen und Abend mit Seewasser, welches an den neben angebrachten Löchern wieder abläuft, überschüttet und aufgerieben, ist deshalb auch so rein wie unser Zimmer; immerhin, es würde auch in allen Ecken des Schiffes eine beyspiellose Schweinerey überhand nehmen, wenn die Unreinlichkeiten des Verdecks an den Füssen in das Innere geschleppt würden. Das Essen wäre recht gut, wenn an Fleisch mehr abgewechselt werden könnte, allein da es einen Tag gesalzenes Schweine- und den anderen Tag gesalzenes Rindfleisch gibt, so wird einem dieses Fleisch, obwohl es sehr schöne Stücke sind, sehr verleidet und auch die vom Rindfleischtag gekochte

Suppe, weil sie den Geschmack des Rindfleisches hat, kann ich nicht mehr riechen. Hauptmann Wilhelm und wir sind am besten daran auf dem ganzen Schiff, weil wir die Kochmaschine haben und Wallbrun wird sowohl von uns als von seinem alten Kriegskameraden Wilhelm täglich darüber erwähnt; ein Glück ist, dass mich die Mutter mit dem Gebüchs so gut ausgerüstet hat. Brod haben wir bis gestern gehabt und obschon wir die einzigen waren, denen unser Herrgott den guten Gedanken eingegeben hat, (der Schiffszwieback ist nicht zu geniessen), so bedauern wir doch, dass wir nicht mehr mitgenommen haben, denn es hätte immer noch gehalten. Da nur *eine* Küche da ist und für die vielen Menschen hierin kaum gekocht werden kann, so ist an eine regelmässige Kocherey in der Schiffsküche nicht zu denken. Das Wasser ist noch immer ganz gut und in grossem Vorrath vorhanden; ich habe ihm zwar auch nicht wehe getan und die Not hat mich noch nicht dazu gezwungen, da wir mit Getränk mehr als hinlänglich versehen sind. Die Hunde werden mit Wasser überflüssig besorgt und jeden Tag mit Seewasser begossen, keiner derselben hat mehr einen Flöhchen, weshalb ich glaube, dass das Seewasser die Flöhe vertilgt, besonders da auf dem Verdeck kein Floh mehr zu spüren ist und sich dieselben auch sonst im Schiff verlieren, was bey dem warmen Wetter und den vielen Menschen nicht zu vermuthen wäre. Die Leute auf dem Schiff, gemeine und s.g, gebildete, sind nicht sehr friedlich gegen einander gesinnt, was sich am Lichte betrachtet wegen der allen Begriff überschreitenden Enge an Raum nicht anders zu erwarten, da ja im Innern alles unter einander steht, im Zwischendeck ist sogar der Platz für das Nachtlager knapp zugeschnitten und an sonstigen Aufenthaltsraum ist wegen den aufgepflanzten Kisten, in welchen jeder seine täglichen Utensilien aufbewahrt hat, nicht zu denken. Ich muss gestehen, dass ich keinem, der nachkommen will und zu dem Cajütenpersonal gehen kann, die Reise in einer Gesellschaft anempfehlen kann. Für diejenigen, welche in dem Zwischendeck reisen müssen, ist es zwar viel wohlfeiler, wogegen es den Cajütenpassagieren viel Bequemlichkeit ohne verhältnismässige Kostenersparnis benimmt; es erleidet übrigens keinen Zweifel, dass auch die Zwischendeckpassagiere einzeln in einem Kauffartheyschiff an Raum, was hier eine Hauptsache ist, gar nicht geniert sind. Wir hatten jedoch keine andere Wahl als in Gesellschaft zu reisen, weil wir die ersten Einwanderer in dem S.W. lichen Theil von Amerika sind, dagegen sich die Nachwanderer sicher darauf verlassen können, dass sie bey ihrer Ankunft schon von ihren angesiedelten Landsleuten treffen. Denn, wenn die jetzige Reisegesell-

schaft auch nicht beysammen bleiben sollte, wie
es aus vorgenannten Gründen grossen Anschein
hat, so bleyben immer Gruppen beysammen,
welche das Land in späteren Jahren von verschiedenen Theilen mit Deutschen versehen.
Auch ich würde mehr Vergnügen daran finde
mit wenigen braven Familien abgesondert zu
wohnen, als mit der ganzen Gesellschaft; welche
durch die drohende Gefahr wegen Nichtvollwerden des Schiffes mit sehr verdächtigen Individuen ausgestopft werden musste, was sich
jetzt bey näherer Kenntniss derselben immer
mehr zeigt. Wenn wir in N. Orleans gelandet
sind, werde ich über dies, so wie über unseren
künftigen provisorischen Haltpunkt im Innern
des Landes klaren Wein einschenken können.
Bis dorthin werde ich auch wieder schöner
schreiben, denn das ewige bald stärkere bald geringere Wanken des Schiffes macht die Feder
sehr unsicher.

Fortgesetzt in den Westindischen Inseln d. 14.
April. Es scheint freilich sonderbar, dass ich jedesmal den Schluss meines Briefes von Neu Orleans aus prophezeihe und unterwegs jetzt
schon zweymal zu frischen Anläufen veranlasst
worden bin, da wir jedoch bey der ersten Hälfte
unserer Reise günstiges Wetter hatten, so konnten wir der Furcht, bey der zweyten Hälfte nicht
ebenso günstigen Wind zu haben, ohnmöglich

# 1. Brief

Platz geben. Wir haben nach der grossen Windstille zwar mit Ausnahme eines Tages immer passablen Wind gehabt, allein der Weg ist immer noch ungeheuer weit. Man stelle sich nur vor, dass wir wegen dem Golfstrom von Florida nicht zwischen den Bahama-Inseln und Florida durchfahren können, sondern den horrend weiten Umweg durch die Antillischen Inseln nehmen mussten. Am Ostermontag fuhren wir zwischen Antigua und den Quatelupperde durch, so dass wir beyde Inseln auf beyden Seiten sahen.

Wir sahen sodann noch mehrere Inseln, welche jedoch auf kleineren Karten gar nicht aufgenommen sind. So führten uns der Capitän aus Gefälligkeit an der Insel Montserat ohngefähr in der Nähe von einer halben Stunde vorbey. Wir sahen die herrlichen Hofstätten, Windmühlen, die reife Frucht und den ganz grünen Wald. Das letzte ist mir am meisten aufgefallen; weil wir seit unserer Abreise den dürren Wald immer in der Anschauung hatten. Windmühlen sahen wir auch und das Vieh weiden. Es ist ein herrlicher Anblick, so eine grüne Insel zu schauen, sie scheinen alle ganz gebirgig und haben mitunter, so klein sie oft waren, Berge höher wie der Wagenberg. Unser Weg geht nun an St. Dominco rechts, an Jamaica links und sodann an Cuba vorbei gerade auf' N. Orleans zu; wenn man die

Charte in die Hand nimmt, kann man sehen, wie weit dieser, in Anbetracht der ganzen Reise so kurze, Strich noch ist. Gestern sind wir vor St. Dominco in einer Entfernung von 3 Stunden vorbeygefahren; wir haben auf dieser sehr langen Insel so ziemlich alles unterscheiden können. Mit jeder Stunde hoffen wir nun Jamaica zu unserer Linken zu erblicken. Am Dienstag nach Ostern verzehrte ich mein in Schweinefleisch und Sauerkraut bestehendes Mittagsmahl am Cajutenfenster ganz in der Höhe, ich warf den Speck des Fleisches zum Fenster hinaus in das Wasser um zu sehen, wie schnell das Schiff an dem fast windstillen Tag gehe und machte die Bemerkung, dass es ohngefähr 10 Minuten in einer Stunde gehen könne; auf einmal sah ich, dass ein grosser Fisch den Speck fraß und sogleich dem Schiff nachzog, ich holte sogleich die Flintbüchse um ihm auf den Kopf zu schiessen, hatte schon gestochen und war im Begriff loszudrücken, da sagte der Capitän, er wolle ihn mit der Angel fangen; man liess die Angel aushängen, der Fisch haschte nach dem Speck und wurde in die Höhe gezogen und auf dem Verdeck todt geschlagen. Es war ein junger Heufisch von 7-8 Fuß Länge. Ein Delphin war ihm immer zur Seite und zwey kleine Fischchen fielen ihm noch aus dem Maul, während man ihn heraufzog; diese kleinen Fischchen sollen ihm unbeschädigt zum Maul hinein- und herausschwimmen.

# 1. Brief

Der junge Heu schmeckte wie Aal, nur waren die Fleischfasern viel rauher. Vögel haben wir in der Nähe der Insel sehr verschiedene gesehen.

Heute früh ist das Rechnungswesen, nachdem die Rechnung von drey von der Gesellschaft besonders gewählten Revisoren geprüft waren, auseinandergesetzt worden. Die Leute, welche gegen den Ausschuß in dieser Hinsicht sehr mißtrauisch waren, haben sich nun Gott Lob von unserer ehrlichen Geschäftsführung gänzlich überzeugt und die paar Aufwiegler, welche unter dem gemeineren Haufen dieses Mißtrauen wegen der durch die Seekrankheit des mit Rechnungsaufstellung beauftragten Georg Sandherr über die Maßen ins Lange gezogenen Rechnungsstellung zu wecken Scheingründe hatten und dasselbe nach Kräften Nährten, sind durch den heutigen Akt in Schimpf und Schande gesetzt worden und haben sich die Verachtung der Getäuschten in hohem Grade zugezogen. Obschon mich diese Sache fast gar nicht berührt hat und meine Ehre auch sonst in keiner Hinsicht angetastet worden ist, so habe ich doch an der Gesellschaft satt bekommen und bin entschlossen, mit 7 sich heimlich zusammen gemachten ruhigen allgemein als die bravsten anerkannten Familien mit König und Grollmann abzusondern und unser Augenmerk nach Heinrich H. Ansicht besonders auf die oberen Ufer des weissen Flusses zu richten. Es werden sich zwar aus gleichem Antrieb wie wir, manche, kleine Gruppe und auch Einzelne absondern, allein es wird doch immer noch eine Hauptgesellschaft, deren Augenmerk Littlerock, in Arkansas ist, beysammen bleiben. Gewisse Pläne kann man sich eben noch nicht machen, weil die Nachrichten zu N.O. und achterwärts gewaltige Striche dadurch machen können. Ich bin immer ganz gesund, blos letzt verdarb ich mir den Magen ein wenig an einem Wasserchokolade, was aber so viel wie nichts war. Wir haben überhaupt keine Kranke, obgleich wir Kindsbetter gehabt hatten und noch haben. Auch 4 Hochzeiten waren auf einmal. Wenn der Wind ein wenig stark wird, so wird es allen denjenigen, welche mit der Seekrankheit behaftet waren immer wieder übel und davon sind Seeheld Zinke und König immer die ersten. Schluss folgt zu N. Orleans.

## 2. Brief

Escheles=Plantage d. August 1833.
5 Meilen von Littlerock oder Arkopolis.

Die Angst, welche Sie bey den kürzlich ohne Zweifel in Deutschland eingetroffenen Nachrichten von dem Absterben des einen und anderen von uns wegen meiner Person schweben könnten – liebe Ältern, Geschwister und Verwandte! noch mehr aber Ihre allerseits gespannte Erwartung, endlich einmal von einem der Ihrigen etwas Genaues und, ich darf es voraussetzen, auch etwas Gewisses über das unbekannte Land und dessen Verhältnisse zu erfahren, mahnt mich nach endlicher Beseitigung der dringendsten Geschäfte, die Feder in Bewegung zu setzen; da ich so vieles berühren muß, wird es die Ordnung verlangen, daß ich nach meinem Brief, zu New Orleans geschrieben, fortfahre:

Wir fuhren mit einem etwas kleinen und auch schon ziemlich alten Dampfschiff am 9. May zu N.O. ab und da wir willens waren, an den weißen Fluss zu gehen, so hielten wir es für zweckmäßig, unseren Accord bis Littlerock, der Hauptstadt des Arkansasgebietes, auf vielen Karten Arcopolis genannt, zu schließen, von wo aus eine Landstraße, der Art ich sie später näher beschreiben werde, nach Basseville am Weißen Fluß führt. Der Preis in der Cajüte, wo man nebst schöner Bettstelle noch aufs üppigste gespeist wird, kostet per erwachsenen Kopf 25 Dollar (Dollar 2 f. 30); der Preis im Verdeck, wo man an einem ungeschlossenen engen Aufenthalts-Ort sich selbst verköstigen muß, kostet für den erwachsenen Kopf 4 Dollar, unter 12 Jahr 2 Dollar u. unter 3 Jahr nichts. Der Zentner Bagage außer Bettung und ähnlichen Geräthschaften, was frey ging, mußte mit 75 Cts (Cent 1½ fn, 100 auf einen Dollar gehend) d.i. 1f. 52½ fn. bezahlt werden. Das ganze ist für den 900 eng. Meilen oder 300 Stunde weiten Wasserweg sehr wenig, allein mich, der ich 30 amerikanische Zentner (der amer. Zentner ist 27 Pfund leichter als der unsrige) Fracht hatte, kostete diese Fahrt doch viel. Ich ging in das Zwischendeck, sowohl weil ich bey meinen Leuten, wegen welchen ich doch schon Viktualien-Einkäufe hatte machen müssen, seyn wollte, als auch und hauptsächlich wegen Geldersparniß, denn diese 10 Tage unbequeme Reise waren von meiner Person allein schon eine Ersparniß von 50f. König folgte, wie er zu den Passagieren sagte, bloß aus Freundschaft zu mir meinem Beispiel. Ich kann nicht beschreiben, wie leicht es uns allen ums Herz war, als wir das abscheuliche Krankheitsnest N.O auf dem Rücken hatten; wir konnten uns jedoch der reizvollen Ufer des Mississippi und

## 2. Brief

Arkansas nicht so sehr erfreuen, weil wir fast durchgängig mehr oder weniger mit Abweichen und einige auch mit Erbrechen behaftet waren. Diese Angst wurde noch dadurch vermehrt, daß das Dampfschiff, auf welchem der Theil unserer Gesellschaft war, welcher nach dem Missouri ging, mehrmals von uns und wir aus Veranlassung des Holzeinladens wieder von ihm während des Mississippi eingeholt wurden, bey welcher Gelegenheit entweder ein Todter auf dem Verdeck lag oder uns von unseren alten Reisegefährten zugerufen wurde, wer als von ihnen wieder gestorben war noch krank sey. Es ist leicht denkbar, dass solche Nachrichten auf unsere Laxierbrüder keinen stopfenden Effekt machten, da wir wußten, daß dies die Cholera war, und die Cholera gewöhnlich die mit Abweichen behafteten nur faßte. Unser Hauptstreben war daher, uns vom Abweichen zu befreien und dafür zu präserviren. Es war nöthig, daß bey den Leuten strenge Sanitärzucht eingeführt wurde, was alle auch recht gerne beobachteten. Wir fanden bald, daß das Abweichen lediglich von dem schlammigen und uns ungewohnten Flußwasser herrühre, es wurde deshalb fest darauf gehalten, daß das Trinkwasser erst abgekocht und nach gesetztem Schmutz zum Trinken abgeschüttet wurde, wobei uns das von mir in N.O. gekaufte Fäßchen rother Franzwein zum Vermischen sehr zustanden kam. ...

... Bey allem diesem musste sich jedes im Essen halten und vor Erkältung hüten. Wen nun dennoch das Abweichen und Erbrechen überfiel, dem gab ich von Halbstunde zu Halbstunde in N.O, gekaufte Opiumpillen, bis dieser Zustand aufhörte. So kamen wir glücklich bis nach Montgomery, wo der Arkansas in den Mississippi einmündet. Hier kamen wir den löten May, den Tag vor Chr. Himmelfahrt an und mußten wegen Einladen von Mehl, welches vom Ohio hierhergekommen, einen ganzen Tag warten. Als wir ans Land stiegen, trafen wir den ältesten Erb und den ehemaligen Apothekergesellen des Vetter Klein, welche auf dem Schiff des Karl Sandherr und Pfarrer Klingelhöfer Sonntags schon in N.O. abgefahren waren; wir fragten nach der Ursache ihrer Anwesenheit und erfuhren, daß sie den auf dem Schiff Olbers noch getrauten und dahier an der Cholera gestorbenen Ehegatten der ebenfalls anwesenden Apotheker Kolb von Gießen gestern beerdigt hätten und auf uns gewartet um ihrer Gesellschaft nach Littlerock nachzufahren. Es verging keine halbe Stunde, so lag mein armes Butzemännchen todt in den Fluten des Mississippis. Den Tag vorher hatte ich, wie gewöhnlich das Hundel beim Holzladen mit an das Land genommen, es lief trotzdem, daß ich einen Esel zum Achtgeben aufgestellt hatte, mit Grollmann, der schnell einige Vögel schießen wollte, in den Wald, das

2. Brief

Dampfschiff schellte schon zum Abfahren, und Butzemännchen war noch nicht da. Ich wollte desperat werden, weil ich nicht anders glaubte, als ich müßte es, wie Grollmann tags vorher sein Linden .... Dächschen im Stich lassen, denn ein Dampfschiff stellt die Maschine kaum wegen einem Menschen, viel weniger wegen einem Hund, der am Ufer nachheult. Plötzlich kam noch mein Hund ganz abgehetzt aus dem Wald und fiel gleich über das Flußwasser her und soff. Ich hatte es schon in das Schiff gebracht, da fing es an zu zucken und zu zappeln an Krämpfen; wir schütteten ihm Kamillentee, den wir immer wegen der Cholera vorräthig halten, ein, und er fraß gleich darauf, als wenn nichts gewesen wäre. Als wir nun wie vorhin gesagt, in Montgomery angekommen und ich ein wenig mit dem Hund an Land war, fing er mit leisem Gebell den gestrigen Veitstanz wieder an, so dass jedermann glaubte, er sei Wüthend, ich fürchtete einen solchen Fall selbst in dem engen Schiffsraum bey so vielen Menschen, nahm ihn daher am Genick und trug ihn ins Wasser, worauf ich ihm mit Karls Büxflinte selbst auf den Kopf schoß.

Es hatte kaum geknallt, so war er auch schon verschwunden. Dieser für mich große Unfall hat mich sehr alteriert; einen so hoffnungsvollen ein klein Kind aufgezogenen und über 3000

Stunde durch alles Ungemach geschleppten Hund auf solche Art verloren zu haben entschuldigt gewiß diese ausgedehnte Erzählung seines Todes. Dieser Affekt wurde aber 3 Stunden nachher durch den Tod des jüngsten 9 jährigen Knaben meines treuen Reisegefährten Knapp wieder abgestumpft. Der Junge hatte morgens schon Erbrechen und Laxieren, was er sich ohne Zweifel durch die ihm ungewohnten fetten Fleischspeisen, die er aus der Cajütküche zum Naschen erhalten hatte, zuzog; ich wollte ihm von den Pillen geben, allein König, der sich immer geheimnisvoll als Doctor benahm, aber nie das Herz hatte, etwas anzugeben, der auch am ersten Tage Butzemännchen schon für wüthend erklärt hatte, war so dagegen, daß ich auch den Mut verlor. Da wir die ... über liegen blieben, so konnten wir auf einem ebenfalls am Lande liegenden Flachboot einen amerikanischen Quacksalber auftreiben, dieser gab dem Buben etwas ein, allein am Abend starb er an der Cholera. Das gab aber jetzt Furcht!! ich half selbst den Sarg machen und den Jungen begraben, alles mußten wir selbst thun und zwar denselben Abend noch, denn da ist niemand, der einen für Geld begräbt. Wir begruben ihn neben den Apotheker Kolb – Das war ein Tag! Es war hohe Zeit, einen Entschluß darüber zu fassen, wo wir unseren Niederlassungspunkt bestimmen wollten, denn gegen das Unternehmen am

## 2. Brief

Weißen Fluß hatten sich seither mehrere Schwierigkeiten aufgestellt; die Wagen und Pferde anzuschaffen und von Littlerock zu Land nach dem Weißen Fluß zu ziehen, hätte uns zu viel Geld gekostet, und ein Dampfboot von Montgomery, nach dem Weißen Fluß extra zu nehmen, wozu sich ein Schiffskapitän erbot, kostete wieder zu viel; auf der anderen Seite stand die horrende Theuerung jeder Art Viktualien, welche uns ohne augenscheinlichen Ruin nicht gönnte, gemächlichst zu pausieren und uns einen Niederlassungsort auszusuchen, da wir schon hoch in der Zeit waren und uns der 10. Juni als letzte Zeit zum Stecken des Welschkorns genannt wurde. Es galt, schon dieses Jahr eine Ernte zu machen oder ein Jahr länger aus der Schnur zu zehren, was, wie ich zeigen werde, hier kein Spaß ist. Wir lernten auf dem Dampfschiff einen Dänen kennen, welcher sich viele Mühe gab, uns zu einer Niederlassung bei Arkansas-Post, wo er wohnt, zu überreden, indem er behauptete, die Gegend sei durchaus hier nicht ungesund, wie man vorgebe, und den fruchtbaren Boden träfen wir nirgends sonst so gut. Er machte uns dabey den Vorschlag, eine in vollem Anbau befindliche Baumwollplantage zum Einernten und Zubereiten der Ballen zu übernehmen. Der Eigenthümer dieser Plantage habe seine Sklaven, die er darauf schnell in ein Geschäft nach N.O. ziehen und jetzt die Plantage leer stehen lassen müssen, unser Gewinn wäre groß, und bloß von uns, die wir Arbeitshände genug hätten, könnte die Sache übernommen werden oder von einem der hinlänglich Sklaven habe, so vortheilhaft dies Anerbieten hätte für uns werden können, so bewog uns doch die als ungesund verrufene Gegend und die zur jetzigen Frühjahrszeit schon so grelle Hitze daher gegen die Meinung von König und Grollmann, unseren Accord vollends zu benützen und bis nach Littlerock zu fahren, wo man uns sagte, daß das Gebirge schon beginne. Gott Lob, daß wir so thaten, denn ohne Zweifel wäre nicht bloß unser Vieh sondern wir selbst in Person in diesem Wasserjahr alle ertrunken, denn nur Ark. Post liegt etwas hoch und kann nicht vom Wasser erreicht werden, die andere Gegend ist aber auch bey mittelmäßiger Überschwemmung schon unter Wasser. Jedermann auf dem Dampfboot und wen wir Gelegenheit hatten am Land zu sprechen, rieth uns nicht in Littlerock zu bleiben, sondern den Arkansas weiter hinauf zu gehen bis in das Coneti, Grafschaft, Washington, Ich praeliminirte mit dem Capitän auch einen Accord, wonach der Mann die Gefälligkeit hatte, uns bis nach Fort Schmidt (letzter befestigt Ort, an der Grenze des vermessenen Landes) und wieder mit zurück, so weit wir wollten (Fort Schmidt ist von Littlerock 200 Meilen) für 2 Dollar pro Kopf ohne alle

Fracht für das Gepäck zu nehmen. Wir stiegen mit diesem Vorsatz auch zu Littlerock den 19. May ans Land. Da führte der Teufel den König und Grollmann in die Stadt, diese trafen einen Deutschen, welcher ihnen sagte, der Gouverneur habe eine Plantage von 10 Acres, welche leer stehe und worauf er jemand umsonst wolle wohnen lassen. Ich war nicht der Meinung, hiermit gleich zufrieden zu seyn und hier zu bleiben, da die Reise nach Fort Schmidt in einigen Tagen vollendet gewesen wäre und der Betrag von 2 Dollar gegen die Kosten der ganzen Reise zu unbedeutend war, um nicht diese Gelegenheit zu benutzen, diese Strecke Land kennen zu lernen, wenn wir auch wieder nach Littlerock zurück gewollt hätten. Sodann waren Karl Sandherr et Conf. schon mehrere Tage vor uns hier und hatten meiner Meinung nach jede vortheilhafte Gelegenheit ausgespäht, wenn es eine gab, allein diese bestätigten ihre Aussage, daß hier gar nichts zu machen sey mit ihren traurigen Gesichtern. Wie es aber geht, jeder sehnte sich nach einer so entsetzlichen Reise endlich einmal nach Ruhe, und ich mochte die Leute nicht nach meiner Ansicht stimmen, weil man sich hierdurch manchem Reitzworte bloßstellen kann, indem nur *ein* …and geprüft werden kann. Ich erklärte ich bliebe, wozu die meisten stimmten; auf diese Art blieben wir hier. König ging alsbald nach dieser Plantage, um sie zu besichtigen und kam mit der abschreckenden Nachricht zurück, dass der Platz für uns alle zu klein sey – *er* ginge zwar auf jeden Fall hinaus, auch wenn wir nicht hinaus wollten, allein das Beste wäre, wenn wir uns auf der anderen Seite des Arkansas ebenfalls um eine leere Plantage Umsehen würden, damit wir uns vertheilen könnten. – Da – was ist nun! – Das Dampfschiff ist fort und wir sitzen wie die anderen, welche uns vorangegangen, in Littlerock, in dessen Nähe, alles was gutes Land, schon angesiedelt ist. Nun hatte ich das Recommandationschreiben, welches ich bey dem Juden in N.O. erhalten hatte und welches ich glaubte, daß es an den Gouverneur sey, noch im Sack; ich ließ es näher betrachten und ein gewisser August Meiling, bey dessen Mutter ich in Rastadt logirt hatte, der auch einen Bruder in Mannheim als Zuckerbäcker hat und dessen Angehörige, wie er sagt, gar nicht wissen, wo er ist, sagte mir, der Brief sey an den Advokat Eschele, den ersten Advokaten dahier und ich solle ihn ja abgeben. Dieser Meiling, dem es ganz gut hier als Mahler geht, begleitete mich zu Eschele des Dolmetschens halber und sagte ihm unter anderem meine Lage und unseren Plan. Eschele hatte kaum den Brief gelesen, als er mir freundschaftlich die Hand reichte und mir offerirte, auf seine 5 Meilen von hier gelegene 60 Acres urbares Land enthaltende leer stehende Plantage zu gehen und daselbst bis

## 2. Brief

Herbst zu wohnen. Ich ging mit mehreren von unsern Leuten auf die Plantage, um sie zu besichtigen. Wir fanden sie für unsere Lage mehr als wünschenswerth und machten mit unserem Überzug den 25. May (Pfingstsamstag) den Anfang. Die zwischen hier und unserer Ankunft liegenden 8 Tage wohnten wir in einem leer stehenden Haus eines Menonitenpredigers für 1 Dlr. p. Tag. Die ...cherei wurde fortgeführt wie auf dem Dampfboot. Diesen Überzug, der wegen der zu sehr für die Saat vorschreitenden Jahreszeit und wegen der schon berührten Viktualienpreise trotz der heiligen Feyertage vorgenommen werden mußte, würde ich gern nicht mehr ins Gedächtnis zurückrufen, wenn ich Ihnen nicht eine treue und unpartheiische Schilderung machen und Ihnen einen Begriff auch von unsern Mühseligkeiten beybringen wollte. Auf diesem Weg zwischen hier (Escheles Plantage) und Littlerock fließt ein morastiger Bach, der wegen seiner nahen Einmündung in den Arkansas auch bey seichtem Wasserstand immer etwas geschwellt ist, so daß er die Breite der Weschnitz hat aber viel tiefer ist. Ein Plantagenbesitzer hat eine kleine Nähe (Nachen[3]) dazu gestiftet, mittels welcher man herüber und hinüber rudern kann. Diese Nähe ist aber so klein, daß nur ein Pferd darin übergeschifft werden kann. Wir mußten nun während 3 Tagen unser

---

3 kleines Boot.

Gepäck auf dieser Wegstrecke von 2 Stunden mitunter im Regen haben, am Wasser mußte alles abgeladen, einzeln von uns (denn da ist kein Fahrmann) hinübergeschifft, da wieder auf einen andern Wagen geladen und nach unserm künftigen Wohnsitz gebracht werden, wo noch kein Bett, kein Sitz und nichts, nicht einmal Feuer vorbereitet war; ein Theil mußte die Nächte über bey den Sachen wachen. Diese Tour ist nicht mit Worten zu schildern. Nun waren wir nach einer mehr als dreimonatlichen Fahrt endlich auf längere Zeit unter Dach. Die Plantage enthält 60 Acres urbares Land und ein schönes Wohnhaus in Gestalt und Umfang unseres alten Wohnhauses, dabey stehen noch mehrere Blockhäuser, welche man zu geringeren Wohnungen einrichten kann und die auch jetzt schon dazu eingerichtet sind. Das Feld war seit 3 Jahren leer gelegen und ganz von Dorngesträuch überdeckt. Nun ist noch nichts zum Einsäen bereitet, kein Welschkorn[4], keine Küh, keine Steckkartoffeln, keine Lebensmittel vorhanden. Das erste Erfordernis war, Steckwelschkorn und Kartoffeln aufzutreiben, was gar kein kleines Geschäft war, denn nirgends war solches zu bekommen; es wurde mir endlich verrathen, daß 4 Stunden von unserem Wohnort ein Farmer (Bauer) wohne, welcher allein in der Gegend noch Welschkorn und Kartoffeln habe;

---

4 Mais.

zu diesem ging ich nun und erhielt 4 Büschel (d.i. ein bißchen mehr als ein Malter) Welschkorn und 10 Büschel Kartoffeln, die Büschel von jedem zu 75 Cts. Dies mußte nach und nach auf mit vieler Mühe aufgetriebenen Pferden nach unserer Plantage gebracht werden, denn fahren kann man diesen Weg nicht. Kühe kauften wir sobald als möglich auf den uns zunächst gelegenen Plantagen; wir mußten der täglichen Nahrung halber für die Kuh mit dem Kalb von 9-15 Dollar geben, obschon seither der Preis für die beste Kuh nur 12 Thaler/Dollar war. Es war eine schreckliche Arbeit für uns, diese weder an unsere Personen noch an unsere Sprache gewöhnten Kühe auf unsere Plantage zu bringen, und ich gab jedesmal gerne einen Thaler mehr, wenn der sich hierauf verstehende Amerikaner diese Verbindlichkeit noch übernahm, denn wir schwebten bei der rasenden Hitze auch in Lebensgefahr, wenn wir nicht ganz sicher und gewaltig zu Werk gingen. Damit halt aber auch alle Mühe für das Milchdepartement ein Ende, denn die Kälber werden eingesperrt und die Kühe kommen jeden Morgen und Abend aus dem Wald zum Melken zurück, Mehl mußte ich das Perl (5 Büschel) in Littlerock, wohin es durch Dampfschiffe von Ohio und diesen Staaten aus gebracht wird, mit vieler Mühe zu 7 Dollar holen (jetzt kostet das Perl 10 Dollar). Hühner kaufte ich mir auf ungefähr 5 Plantagen nach Gelegenheit bis zu 34. Während dieser Plackereyen mußte das Feld bestellt werden, ich kaufte mir einen Pflug, wozu wir aus besonderer Gunst des Glücks ein Pferd für ¼ Dlr. pro Tag geliehen bekamen, eine Geschirr machten wir uns von den mitgenommenen Gurten und Strängen selbst, und nun ging es an das Herumzackern des von Gesträuch und Stengeln gereinigten Feldes. Es war anfangs eine verwegene Arbeit mit dem leichten ganz eigenen Pflügelchen in den Wurzeln und Stümpfen herumzuzackern, allein ich merkte nach und nach die Griffe, und jetzt gehe ich keinem Amerikaner mehr aus dem Weg. Ich muß sagen, ich ackere mit diesem Geschirr so leicht, als auf dem sauberen Feld Deutschlands.

Wir haben jetzt mehr Welschkorn und Kartoffel unter Boden und ersteres schon in der Höhe, als wir bis zur Ärnte k.J. aufzehren können, und so werden wir nach eingethaner diesjähriger Ärnte keine Ausgabe mehr für Brod haben. An Platz und recht fruchtbaren Flecken zur Anlage von neuen Plantagen fehlt es hier nicht, obschon die dahiesige Gegend um die Hauptstadt herum zu den angesiedeltsten des Arkansas-Gebietes gehört, man so im Durchschnitt eine halbe Stunde von einer Plantage zur anderen rechnen muß. Der oft besagte große Bach, der durch das Anlaufen des Arkansas zu gewissen Jahreszeiten

## 2. Brief

zum Austreten gebracht wird, macht die Plantagen in seiner Nähe sehr ungesund, und die Ausdünstungen des Überlaufs des Arkansas selbst, der dieses Jahr gleich nach unserer Ankunft 15 Fuß hoher stieg, als er seit Menschengedenken gestanden war, wirkt ebenfalls nachtheilig auf die Gesundheit der Bewohner seiner Nähe. Die Gegend enthält zwar viele steinige Hügel in der Größe wie sie in der Umgegend von Echtersheim sind und würde sich zum Weinbau ganz eignen, allein zu den obigen Nachtheilen kommt noch, daß, obgleich kein Mangel an Plantagenplätzen, die Weide auf den Kies- und Steinbuckeln viel zu dürftig für die Viehzucht im Sommer geschweige im Winter bei stärkerer Ansiedlung wäre, denn man hat schon hier und da verlauten hören, daß winters das Vieh dahier Mangel leide, ja öfter verhungere; auch zieht sich alles von hier und besonders von dem ungesunden Bach weg, und alle Einwanderer aus den älteren Staaten, deren beständig dahier ankommen, machen sich hinaufwärts. Dies bestärkte uns noch in unserem Vorhaben, nach dahier erreichtem Zweck unseren Wanderstab zeitig fortzusetzen, was jedoch mit Umständen verknüpft ist, denn auf Geratewohl wollen wir nicht mehr mit Sack und Pack an einen Ort ziehen und unser sicheres Obdach dahier aufgeben, bevor wir ein neues haben. Demnach ist es nothwendig, daß einige vorher die Gegenden besehen, allein dies ist infolge der später aufgeführt werdenden Gastfreundschaft der Amerikaner mit vielen Kosten verknüpft. Diesem Bedenken hat folgender Zufall abgeholfen: Ich hatte in den ersten Tagen unseres Hierseins etwas in Littlerock zu thun und befand mich bey Seramin und Baumgarten, zwey Deutschen, der erste ist sogar ein Badner aus Breisach, welche uns schon viele Freundschaft erzeigt haben und mit einem kleinen Wirtschafts-Etablissement viel Geld verdienen. Hier stand ein Mann, welchen ich für einen Amerikaner hielt, ihm Platzmachte und mit Pantomimen zum Setzen aufforderte, er dankte mir deutsch, und ich erkannte in ihm einen sehr guten Freund namens Jäger aus Brügg in der Schweiz, der mit mir in Heidelberg studierte und bey dem Schweizer-Corps war. Er kam unmittelbar hinter uns nach von Haus mit einem noch älteren Landmann. Sie wollen einen schönen Platz hier aussuchen für ihre Familien und andere Freunde, welche willens sind, vor Ausbruch einer Revolution aus der Schweiz auszuwandern und im Kreis der Ihrigen dahier friedlich zu leben. Diese beiden Schweizer machen nun dieselbe Tour, die wir zu unserer Erörterung machen wollten, und wir trugen kein Bedenken, von ihrer erprobten Sachkenntnis und gleichen Absicht unsere Angelegenheit abhängig zu machen. Sie waren einige Tage bey uns, um unsere Umgegend näher

## 2. Brief

zu betrachten, Sie wollen im Ganzen nur 7 Wochen auf einer Reise zu Pferd nach Basseville am Weißen Fluß, nach dem Count. Washington und das Arkansas-Flußgebiet wieder herunter, zubringen. Während ich diesen Brief schreibe, kommen die Schweitzer wieder zurück und bringen folgende Nachricht: die Ufer des Weißen Flusses und das County Washington seyen sehr schön und fruchtbar und mit der Gegend dahier gar nicht zu vergleichen; jedoch fast so besiedelt wie hier, allein die ebenso fruchtbare und mit gutem Quellwasser versehene Gegend des little red river (kleinen rothen Flusses) liege noch näher gegen Littlerock zu (dies haben wir bey unserem nächsten Zug zu berücksichtigen), sey eine hochgelegene, hügelige und deshalb schon gesündere Gegend, was man auch an der Gesichtsfarbe der Bewohner sehe; durch die Gegend führe eine Landstraße nach Basseville und dem Missouristaat. Der kleine rothe Fluß selbst sey zu bestimmten Zeiten des Jahres schiffbar. Da wir uns bis jetzt auch von andern Gegenden Nachrichten eingezogen haben, und zwar keine so günstigen, so ist unser Entschluß, zu Ende kommenden Monats mit meinem Wägelchen, auf welchem wir, vorausgesetzt, daß wir unsere aufwendige Menage mitnehmen, im Freyen übernachten können, die Besichtigungsreise in diese Gegend antreten und falls es uns einleuchtet, die gehörigen Anstalten zu unserem alsbaldigen Überzug zu treffen. Wer sich vor Eintreffen meines künftigen Briefes in der Absicht auf den Weg macht, uns nachzukommen, der gehe nur zuversichtlich nach Littlerock, denn wie die Sachen jetzt stehen, mögen wir in eine Gegend des Gebietes gehen, in welche wir immer wollten. Zu Littlerock muß immer gelandet werden und hier kann auch jeder Deutsche, deren viele anwesend sind, sagen, wohin wir gezogen sind. Wir brauchen das Land, welches wir urbar machen in den Gegenden, wo es noch nicht vermessen ist, erst in 3 bis 10 Jahren, wenn es eben vermessen wird, zu bezahlen, und haben demnach das erste Recht dazu bey der Ausmessung. Es kann auch einer dem andern dieses Recht abtreten. Der Acre kostet als nach der Vermessung 1½ Dlr. Wir sind sehr froh darüber, daß wir nach einiger Kenntniß über das Land noch hinziehen können, wohin wir wollen, was jedoch die übrigen, die sich in einer ungesunden Gegend des Flusses niedergelassen haben, nicht mehr können, weil sie, wie der sich von ihnen getrennte Karl Sandherr, eigenes Land schon urbar gemacht haben und dieses wieder verlassen müßten.

Nach Aufzählen unserer Beschwernisse will ich nun versuchen, ein Urtheil über das Land selbst zu geben. Die Hitze ist zwar etwas lästig wegen ihrem Anhalten, jedoch erträglich. Sie hat bis

## 2. Brief

heute, den 3. Aug., als wo ich den Brief ins Reine schreibe, wie es sich die Tante ausgebeten hat, noch nicht mehr als 104° Fahrenheit betragen, was nach Duden gerade 30° Reaumur ist. Dabei klagt jeder Amerikaner über die Hitze und sagt, sie sey noch kein Jahr so stark gewesen. Wir haben uns in der heißen Tageszeit zu Hause gehalten und nicht viel davon gespürt, auch läßt sie seit einigen Tagen stark nach und soll jetzt schon im Abnehmen seyn. Die kurze Dauer der Hitze von kaum 2 Monaten ist mit der Last, unseres oft 6-monatigen Winters nicht in Vergleich zu ziehen, sogar wenn die Hitze ebenfalls 6 Monate anhielte. Vom Herbst und Winter habe ich noch keine Erfahrung, jedoch sind nach Aussage der Einwohner unsere Erwartungen davon nicht übertrieben. Nur im Juni habe ich wahrgenommen, daß die Schwüle bis nach Mitternacht gedauert hat, allein in diesem Monat verschwand bey Eintritt der Nacht die Schwüle; zu einer Kühle kam es jedoch nie. Es hat bis jetzt noch immer von Zeit zu Zeit 2 und 3-tägige Gewitterregen gegeben, and bey trockenem Wetter liegt jeden Morgen ein starker Thau. Die bey der anhaltenden Hitze von 3 Wochen andauernde Trockenheit soll aus der Regel treten. Von Brustleidenden konnte ich bis jetzt noch nichts erfahren, obschon ich mir viel Mühe darum gab, sondern jeder, der krank ist, oder war, ist es an Fieber oder wieder einer andern Magenkrankheit, sehr selten an Entzündung, was lediglich von der nachher zu berührenden Lebensart dieses Volkes herkommt. Es wird in der hiesigen Gegend fast nichts als Welschkorn gebaut, jedoch habe ich auch schon Weizen, Hafer und Korn gesehen. Weiter hinunter gegen den Mississippi zu wird hauptsächlich Baumwolle gepflanzt. Der Welschkornbau ist deshalb hier der gewöhnliche, weil für die anderen Fruchtgattungen auch der schon längere Zeit bebaute Boden noch zu fett ist. Wenn man geeigneten Boden besitzt, müßten sich Weizen, Spelz[5], Korn und Gerste weit besser rentieren als das Weichkorn, hier genannt Korn. Ölsamen und derartige Sachen werden nicht gebaut, weil es dann an Mühlen und Beförderungsmitteln fehlt, zu deren Herrichtung die Amerikaner zu faul sind oder auch nicht die Händearbeit dazu auftreiben können. Obst sieht man außer sehr vorzüglichen und wie es scheint nicht veredelten Pfirsichen sehr wenig in den Plantagengärten; ich habe nur in 3 Gärten Apfel, Kirschen und einige, aber nicht im Schnitt gehaltene (davon weiss der Amerikaner nichts) Traubenstöcke gesehen, welche jedoch zu dem herrlichsten Gedeihen von Baumfrüchten aller Art Aussicht geben. Im Wald (ich kann nicht sagen wild, weil alle die vorhin aufgezählten Obstsorten nicht veredelt sind) sieht man von all den herrlichen

---

5 Dinkel.

in Dudens Handbuch als im Missouristaat befindlichen Obstarten nichts und muß daher Duden, der zwar die Hauptsache richtig geschildert hat, hierin als Lügner angesehen werden, wenn nicht der *nördlicher* gelegene Missouristaat in diesem Punkt Vorzüge vor dem Arkansasgebiet hat, was *ich* im allgemeinen aus sehr natürlichen Gründen im besonderen aber deshalb bezweifle, weil in unserer Nachbarschaft eine vor einigen Jahren aus der Gegend von St. Louis hierhergezogene Wittwe mit erwachsenen Söhnen wohnt, welche als Grund ihres Überzugs angeben, daß es im Missouri oft 6 Monate Winter (Viehwinter) daher ihnen daselbst zu kalt und winterfutter-beschwerlich und gefährlich gewesen sey; wovon ich in Dudens Buch von der Gegend seines Aufenthalts, die ebenfalls die Nähe von St , Louis war, nichts gefunden, mich aber recht gut erinnere, daß das Tagebuch des Herzogs von Weimar vom 6. Cap, in St. Louis etwas von Schnee und Frost als einer gar nicht auffallenden Sache spricht. Die gewöhnliche Obstgattung, welche in den Wäldern wächst, sind wie bei uns Brombeeren und Heidelbeeren, selten, sehr selten eine wilde Kirsche, ein Maulbeerbaum und eine Art Pflaumenbäume. Wilde Trauben trifft man in den Wäldern genug und in verschiedener Sorte an, die werden nun reif, und an einigen habe ich schon einen förmlichen Muskatellergeschmack wahrgenommen; weder wilde noch zahme Erdbeeren habe ich bis jetzt dahier gesehen. Aus Nußbäumen besteht ein großer Teil der Wälder, allein ihre Frucht ist nicht genießbar. Mit der Jagd ist es in hiesiger Gegend ziemlich schlecht, was von Futter- und Wasserarmut herkommen mag. Wir haben erst einige Hirsche, von denen uns ein Nachbar die meisten schoß, und Stück 8 Welschhühner gegessen. Die Amerikaner verstehen sich freilich besser darauf, allein sie sagen selbst, es sey nicht viel hier. Auch Zinko hat erst wenig geschossen. Die Schweizer loben die Jagd weiter hinauf sehr. Gelegenheitl. will ich bemerken, daß die Amerikaner auf unsere Gewehre nichts halten, sie aber bey dahier wohnenden Deutschen immerhin gut anzubringen sind. Schlangen gibt es viele, allein nur 3 Arten davon sind giftig, jedoch ist ihr Biß nicht tödlich; ich habe noch nicht viele gesehen. Flöhe gibt es hier keine, aber sehr viele Waldböcke, welche man jedoch mit Tabaksrauch schnell von sich tilgen kann. Moskitos trifft man bloß an Flüssen und feuchten Orten, sie sind aber nichts Anderes als unsere deutschen Schnaken, und was man ihnen mehr aufbürdet, ist unwahr. Die Amerikaner sind durchgängig ein träges und in den kleinen Städtchen, wovon ganz Arkansas nur ein Halbdutzend zählen kann, (die in den Karten gezeichneten Städtchen sind als 1-3 Plantagen an einem Punkt) ein sehr liederliches Volk, deshalb sind die früher schon eingewanderten Deutschen jeder Klasse, wenn sie diese Neigung nicht so sehr theilen, allenthalben im Wohlstand. Ihre Arbeit ist nur für den Augenblick und die größte Not, was ihr Feldbau, Häuser usw. zur Genüge zeigt, daher ist auch erklärlich, warum in ein Land, wo alles Ökonomie treibt, die Viktualien, als Mehl, Kartoffeln u.d.g. eingeführt und die Saatfrucht kaum um die enormsten Preise anzukaufen sind. Viel mögen jedoch auch die herbstlichen Einbrüche der weit oben wohnenden Indianer dazu beitragen. Selten hält ein Farmer etwas Korn zurück auf den Fall, daß die neue Ernte wegen Trockenheit nicht gut geraten könne, und die dies thun, sind auch sehr reiche Leute und haben am Geld, an sonst aber nichts, ihre Freude. Ihre Flinten sind verrostet und ihre Pferde und die Sachen, welche sie brauchen, verwahrlosen sie grenzenlos, setzen keinen Saat hinein und beschauen es auch bei anderen nicht; wenn man aber eine Hanswurstenkappe oder ähnliches da hängen hat, wird es gleich mit der größten Freude und mit dem höchsten Interesse ... und nicht mehr herausgelassen. Ein Farmer hat oft ... Pferde im Wald herumlaufen, kann sie nicht alle zu seiner geringen Arbeit brauchen und sieht sie Monate lang nicht, wenn man aber eins kaufen will, so kostet, eine Schindmähre, die bei uns für 5 und 6 Louis d'or gekauft wird, 50-60 Dollar; der Preis der Kuh mit dem Kalb dagegen, wovon sie Milch haben, ist nur 10 Thlr. und dennoch kostet das Pfund Butter und Dutzend Eier auf der Plantage wie in der Stadt 18 Cts.

Im Handel bekommt man alles engros ziemlich billig, der Amerikaner nimmt jedoch alles der Faulheit wegen bei dem bis zu 300% nehmenden Kleinhändler. Man wird hier anfangs ganz konfus und braucht lange Zeit, bis man etwas Heilung bekommt. Man darf nur annehmen, daß hieländische Produkte, als das Pfund ungeläuterter Zucker 15 Cts. das Pfund Reis 12½ Cts. und die Baumwolle so viel wie bei uns kostet. Dies alles bekommt der Kleinhändler ganz gering, nimmt aber die ungeheuren Prozente. So gerne die Amerikaner etwas gutes essen, so läßt es doch die Faulheit nicht zu. Ihr ganzes Essen ist in ½ Stunde fertig und besteht in einem klotzigen Welschkorn- oder Weizenbrod, das mit Wasser und Milch angeknetet und in dem unterdessen warm gemachten Eisenofen gebacken wird; zu gleicher Zeit wird dann auch Speck in Scheiben geschnitten und in einem anderen Hafen ein bißchen gebraten, dazu wird nun Buttermilch und Wasser getrunken, daß es einem vom Zusehen schon übel wird. Dieses Essen wird morgens beim Aufstehen angemacht, mittags repetiert, abends repetiert, sonntags abends damit aufgehört und Montags früh wieder damit angefangen. Diese ganze Herrlichkeit ist schnell fertig, daher geniert sie es auch nicht, wenn kurz vor dem Essen 6-7 ankommen, die mitessen wollen. Bei den Reicheren befindet sich noch Kaffee, der statt dem Wasser getrunken wird, und mehrere gebratene Fleischarten, auch Salat und Gemüse. Wenn ein Amerikaner auf seinem Weg ein Wasser antrifft, trüb oder hell, so legt er sich gleich auf den Bauch und säuft wie ein Vieh; ebenso ist sein erstes, wenn er in ein Haus kommt, Wasser zu fordern. Bei einer solchen Lebensart, die in jedem Krankheitszustand fortgesetzt wird, müßten auch im gesündesten Klima alle Arten von Fieber kommen. Weder Hemd noch sonstige Kleider flicken sie, sondern wenn sie ganz zerrissen sind, werfen sie sie weg und schaffen sich neue an und zwar auf Pump, wenn sie kein Geld haben. Ich könnte noch mehr aufzählen, was auf ihre Faulheit zielt, allein wenn ich, der ich es sehe, kaum glauben kann, wie sollten Sie es mir glauben. – Die Schweine bekommen sie fast gar nicht zu Gesicht, und der Wald ist so voll davon, daß man jeden Augenblick welche antrifft, dennoch muß man das Pfund gedörrtes Fleisch mit 10 bis 13 cents bezahlen. So könnten diese Leute Geld machen, wenn sie nicht zu faul wären. Wenn man auf der Reise bei einem Amerikaner einkehrt, so läßt er sich dafür so bezahlen, wie man es in Deutschland bei guter Bewirtung eine starke Zeche nennen würde. Ein Wagen kommt auf 100-125 Dollar. Kurzum der Dollar wird hier so hoch gehalten, d.h. er hat den Geldwerth wie bei uns ein Käsperchen. Ich kann gar nicht begreifen, woher das Geld kommt, es kursiert aber auch hauptsächlich in den Städtchen, denn der Farmer im allgemeinem kauft sich selten etwas, außer Caffee, Zucker und verfertigt sich alles übrige selbst, strengt sich aber ja nicht über seinen Bedarf an, wenn er auch noch so viel Geld damit machen könnte, wie ich schon vorhin berichtet habe. Bei aller dieser Faulheit kennt man den Bettler dahier nicht einmal dem Namen nach, und von Diebereien liest man nur hier und da in den Zeitungen als in fremden Staaten vorgefallen. Die Straßen, deren ziemlich viele angelegt sind, sind so schlecht, daß man mit 4 Pferden kaum 20 Zentner fortbringen kann. Sowohl Männer als Frauen machen deshalb gewöhnlich ihre Reisen zu Pferd, Aus dieser Schilderung wird ein jeder, der nachkommen will, seinen Vor- oder Nachtheil selbst erkennen. Mein Urtheil über ein solches Unternehmen ist folgendes: Wer Tanzböden, Theater und derartige Vergnügungen sich zum Bedürfnis gemacht hat, der kann diese Neigung jetzt wenigstens dahier noch nicht befriedigen, und wenn er noch so reich wäre; er könnte nur mittels seines Geldes in der Veränderung seines Aufenthalts in

## 2. Brief

N.O., Cincinnati usw. zu den hierfür passenden Jahreszeiten seiner Zerstreuung nachjagen. Wer gar kein Geld mit an das Land bringt und keinen Deutschen hat, der ihn mit an einen Bestimmungsort nimmt, setzt sich schon als einzelne Person, besonders aber als Familie großer Gefahr und Ungemach aus. Als einzelne Person muß er bei einem Amerikaner Dienst nehmen und sich plötzlich in eine andere Lebensweise finden, wie ich sie eben beschrieben habe. Als Familie hält neben diesem Umstand die Versorgung aller Familienmitglieder, auch wenn der Landungsort N.O. wäre, immer schwer. Wer nicht so sehr an die feineren Bedürfnisse gewöhnt an den Ort seiner Niederlassung (ich kann nur vom Arkansasgebiet reden) wenigstens an 150-200 Dollar bringt, ist, wenn er an einem solchen Ort schon vaterländische Freunde antrifft, den Mühseligkeiten und Prellereien nicht ausgesetzt, wie wir es waren, kann gleich von Anfang an was das Essen anbelangt, weit sorgenfreier und ungeplagter leben als wenn er in Deutschland ein Guth von dem zweifachen Werth besitzt, und hat solche Aussichten, zu welchen die Trägheit der übrigen Bewohner auch bey einem in Deutschland faul genannten Arbeits-Genie nach meiner obigen Erzählung berechtigen; denn die Abgaben verdienen keine Erwähnung, so lächerlich gering sind sie. Mit einem Handwerker ist dies etwas anders, dem fällt das Unterkommen auch mit Familie in jedem Städtchen nicht schwer, wenn er nur so viel mit an den Ort bringt, daß er die ersten 14 Tage bis 4 Wochen aus der Schnur zehren und sich die erforderlichen Materialien zur Arbeit, wenn auch ganz gering, anschaffen kann. Wer jedoch ein Vermögen von wenigstens 3500-4000 Dollar mitbringt, kann hier leben, deutsch oder amerikanisch und braucht keinen Finger zu irgend einer Arbeit krumm zu machen, ja, er kann sich dabey noch das Wasser reichen lassen. Er kann sich hierfür 2 männliche und einen weiblichen Sklaven kaufen für höchstens 1700 Dollar, eine Plantage, wo er will (natürlich mit nur 10 bis 20 Acres geklärtem Land, er kann dies ja ganz gemächlich erweitern), kauft er sich für 200-500 Dollar. Es kosten 10 Kühe mit den Kälbern, was mehr als hinlänglich für den Anfang ist, 160 Dollar. Für die Pferde, deren ein solcher Mann auch eines zum Reiten halten kann, kann ich hier keinen Preis annehmen, weil es hier zu sehr auf die Wahl ankommt. Ein Pferd kostet 80 bis 100 Dollar. Nun bleibt ihm der Rest für Herstellung eines deutschen Hauses u.a. Bequemlichkeiten. Hierbey setze ich voraus, daß der Einwanderer alle seine Gerätschaften, die er glaubt, hier gebrauchen zu können, mitbringt, wenn sie auch noch so viel Fracht kosten; auch muß jeder berechnen, wie hoch ihn die Reise bis an den Ort seiner Niederlassung kommt. Wenn mehrere befreundete Familien auf diese Weise an einem Ort oder in einer Gegend beisammen wohnen, so glaube ich nicht, daß ihre Lage wünschenswerther seyn kann, besonders da die jetzt schon Eingewanderten mit ihren mitgebrachten Samen den Grund zu deutscher Kultur gelegt haben, deshalb der Wein und solche Wohlgenüsse mit ihrer Ankunft aufkeimen werden. Wer ganz früh im Jahr in Europa abreist, soll wegen der Krankheiten und auch der Hitze meiner Meinung nach N. Orleans meiden und den vielleicht kostspieligeren Weg den Ohio herunter vorziehen. Für den, welcher Sklaven kaufen will, ist letzter Weg vortheilhafter, da er in Missouri, Kentucky und deren Nachbarstaaten die Sklaven um den halb ... kann.

Jeder sehe sich mit Viktualien so gut vor, als es nur immer der Transport erlaubt, besonders mit Suppengekoch, Wein und Selterser Wasser. Vorräthe von dieser Art kommen ihm hier in Amerika noch besonders gut. Die Effekten suche jeder zu packen, daß er die Behälter hier als Hausrath benutzen kann und, ich kann es nicht oft genug sagen, nehme nur ja mit, was er nur glaubt, dahier gebrauchen zu können und was ihm wegen dem Gewicht oder der Ausdehnung nicht zu viel Last oder Kosten macht, denn er muß dahier nur für eine Schelle, die man dem

Leitvieh des bequemeren Aufsuchens im Wald halber umhängt, von 1-3 Dlr. bezahlen und diese sind dabei schlecht. –

So sind nun die Sachen, und ich hätte gegen den in der Hauptsache ganz wahrheitsliebenden Herrn Duden gar nichts, wenn er das Brod gegeben hätte, wie es ist und den nicht darauf gehörenden Honig davon weggelassen hätte – auch die Mühseligkeiten des Einwanderers nicht (wie es scheint) absichtlich übergangen hätte; versteht sich! alles vorbehaltlich des Umstands, daß der Missouristaat die bewußten Vorzüge vor dem Arkansasgebiet hat, was die Briefe derer, welche nach dem Missouri gegangen, darthun werden. Schließlich muß ich noch bemerken, daß ich jedem freundschaftlich abrathe, eine große Gesellschaft zu führen; die Reisefatalitäten stiften die größten Uneinigkeiten und sogar Feindschaft, auch sind die örtlichen Verhältnisse durchaus nicht dazu geeignet, eine Art Colonie zu gründen. Ich rathe sogar jedem ab, mit einer solchen Gesellschaft zu reisen, denn es macht die Reise theurer und viel unbequemer, obgleich ich die Reise ganz einzeln auch abrathe. Die Samen, von welchen ich so vielfach als möglich mitzunehmen rathe, verwahrt man sicher in einer gut geschlossenen Flasche, denn sonst verdirbt alles. Ich habe auf diese Art vieles, besonders aber meinen Traubensamen gut erhalten. Von Eingangszoll ist alles frey, es mag so viel sein als es will, wenn man nur auf den Fall, im Stande ist zu beschwören, daß es zu seinem eigenen Gebrauch ist – Ich weiß wohl, daß dieser Brief, für diejenigen, welche nachkommen wollen, noch viel zu dürftig ist, ich bitte und hoffe auf die Nachsicht derer und bin bereit, auf ihre gestellten Fragen ausführliche Antwort zu ertheilen, wenn ihr Vorhaben noch so viel Zeit vergönnt. Ich schicke meinen Brief nur einfach ab, weil mein Freund Grollmann auch zu einer anderen Zeit schreibt. Dimmel ist in N.O. und, wenn Gott will, noch gesund, Knapp kann wegen seinem Fieber sein Versprechen nicht erfüllen, einige Zeilen an seine Freunde beizulegen. Adam Kreis und Lippert legen ein Blättchen an die Ihrigen bey.

Leben Sie nun alle wohl und erwarten Sie auf einen Brief von Ihnen baldige Antwort. Meine Freunde, deren ich im Vaterland doch noch zählen darf, sind von mir herzlich gegrüßt.

W. Hübsch

## 3. Brief

Liebe Ältern! Gestern erfuhr ich, dass der Wormser Sandherr, welcher nach dem Missouri gegangen, auf dem Dampfschiff 10 Meilen hinter St. Louis an der Cholera gestorben sey. Es sollen noch 7 auf diesem Schiff gestorben seyn; Schuhmann wurde uns schon im Vorbeyfahren als krank gemeldet und wird sich wohl unter den 7 befinden, Julchen habe ich dagegen immer wohl gesehen. Hier herum weiss man nichts von der Cholera sondern nur in N.O. und auf den von da kommenden Dampfschiffen herrscht sie, es geht auch kein Dampfschiff mehr bis N.O., sondern nur bis Montgomery. Diese Nachrichten bewegen mich, Tag und Nacht hinter meynem Brief zu seyn; denn ohne Zweifel werden in Zeitungen Anzeigen von dem Absterben unserer Reisegefährten, obschon deren erst 12 seit unserer Abreise gestorben seyn mögen, erscheinen, und in solchem Fall kann ich mir ihre Angst schon vorstellen, wenn immer doch kein Brief von mir kommen will. Seyn Sie deshalb ausser Sorge, man weiss hier von nichts als von Fieber, welches die Amerikaner und deren Lebensart Theilende in dieser Jahreszeit überfällt. Das Fieber ist mit heftiger Hitze verbunden. Ich habe immer Brech- und Laxiermittel vorräthig und wer es bekommt, dem gebe ich ein solches ein, worauf es sich meistens in einigen Tagen legt; es haben jetzt schon mehrere auf diese Art das Fieber gehabt und in dem Augenblick hat es knapp. Ohne es zu berufen kann ich nicht unterdrücken: ich war doch auf der ganzen Reise nicht unpässlich und auch hier bei Abzug alles Weins fehlte mir noch nichts; ich muss zwar gestehen, mit dem Betreten des amerikanischen Bodens habe ich mich durch mein ängstliches Hüten dem Gespött meiner Kameraden ausgesetzt, dies hat aber nicht lange gedauert (das Gespött nehmlich) denn sie machten mir es bald nach bis auf Grollmann, dem auch noch nichts gefehlt, obgleich er sich gar nicht schont. Wenn ich mir vorstelle, dass man in 2-3 Jahren (hier geht alles schneller vorwärts) die herrlichsten Weinberge und Obstgärten dahier kann angelegt haben, so schwelge ich glückselig in dem Gedanken; „wenn du so im Kreis der Deinigen, welche in keinen Entfernungen von einander wohnen und sich stündlich, täglich, wöchentlich bey den Ältern oder wem immer versammeln können, wohntest!" Mit Ausnahme des Heinrich und Wundt wäre eine solche Lage gewiß allen den Unsrigen Glückseligkeit. Hier gibt es keine Bettler, keine Feld- und grössere Diebe, keine von den Ältern gehegte ungezogene Jugend, welche einen in ... Thätigkeit halten, die Freuden des Tags rauben oder, wenn man solche hatte, verbittern.

# 3. Brief

Hier kennt man nicht die Sorge für Erhaltung des äusseren Familienglanzes, die so manchem Familienhaupt die Nachtruhe verscheucht. Hier kennt man die Gefahr nicht, welche dem ruhigen Bürger bey uns in einer politischen Veränderung Hab und Gut oder Geistesfreyheit bedroht. Jede Unruhe und Verdruß muß man sich hier selbst machen. Es ist ein harter Entschluß auf solche Art das Vaterland zu verlassen, allein wenn Wahrscheinlichkeit da ist, daß man es verlassen muß, so möchte eine freywillige Verbannung vortheilhafter und erträglicher seyn. *Mich* kann keine Macht der Erde als meine Familienbande aus diesem Land reißen. Meine Gedanken sind gleich meinen Träumen zu Haus und ich gestehe es, ich verscheuche die trüben Gedanken über das mögliche Krankseyn des einen oder anderen der meinigen als ein Hirngespinst mit leichter Mühe. Mein einziges Gebet ist, daß der Inhalt des nächsten Briefs dieser leichten Art, trübe Gedanken zu verscheuchen, kein Ende machen möchte. Nicht mit Freude erbreche ich den ersten Brief, denn in solch einer großen Familie kann ein Jahr Veränderungen anrichten. Wie wird es denn in politischer Hinsicht bey uns aussehen? Wird Haßlinger oder Welker die Oberhand haben?

In der Zeitung habe ich vor langer Zeit die Einnahme Frankfurts gelesen! Ich habe mit ungeheuren Entbehrungen seit unserem Hierseyn zu thun gehabt: keinen Tropfen Wein, Bier oder Apfelwein, kein Fleisch, als was die kärgliche Jagd manchmal aber selten lieferte, nichts als Mehl und zwar 6 Virnsel[6] für 7 Dols, den Ertrag meiner 6 sehr guten Kühe, helles Wasser zum Labsal (Ha! Das ist *dem* einmal gesund!) und dabey in der Frühe und des Abends gerackert, daß das Wasser von mir lief. Ich hatte zu Haus immer Angst, ich möchte eine Kupfernase bekommen, allein ich versichere Sie, man könnte bey dieser Lebensart die des ehemaligen Amtsdieners Rutz kurieren. In der Desperation brach ich Krüks Zwetschkenschnaps an, allein ich kann keinen Branntwein trinken (Das ist mir sehr lieb!) Trotzdem muß ich das Leben hier dem in Deutschland vorziehen, auch wenn keine Aussichten einer besseren Einrichtung Vorlagen. Ich habe ein Ochschen von 3 Jahren für 4 Dollar gekauft; so wie das Wetter nicht mehr so warm ist, wird es im Wald aufgesucht, niedergeschossen und kommt in den Nenner; ich bekomme für die Haut wieder 2 Dlr. Bis zum 5. Sept. werden zu Littlerock 70 Wagen der vereinigten Staaten versteigert; bey jedem sind 5 junge Pferde mit Schiffer und Geschirr. Da gleich bezahlt werden muss und die Amerikaner Lumpen sind, so kommen solche Bestecke zu 200-300 Thaler

---

6  1 Malter = 4 Virnsel = 16 Kümpfe = 64 Gescheid = 109,06 Liter.

weg; Grollmann und ich werden ein Besteck steigern, wir kommen hier auf wohlfeile Art zu guten Pferden und zu einem uns unentbehrlichen Wagen. Ruhig und angenehm ist das Leben hier, allein die erste Einrichtung kostet Geld und wenn man nicht selbst Hand anlegen will, viel Geld. Sie werden mir ein großes Präsent machen, wenn Sie mir mit einem zuverlässigen Mann, der hierher geht, ein Fäßchen (je größer, je lieber) guten jungen Wein (er wird auf dem Wasser alt) schickten; ich will dem Mann den Transport gerne vergüten, es macht ihm auch nicht viel Last, Eingangszoll kostet es keinen, wenn man sagt, es sey zum eigenen Gebrauch. Was wird denn Krück machen und wie wird es ihm in Weinheim ergangen seyn, der hat mir schon etwas Anliegen gemacht und eigentlich ist er an dem unglücklichen Ausgang selbst schuld, er hat das Maul nicht gehalten. Wenn er nur bald kommt. Leben Sie nun wohl, liebe Ältern, und erinnert Sie sich immer nur des Guten Ihres Sohns; auch Ihr lieben Geschwister, Schwäger und Schwägerinnen lebt wohl und glaubt sicher, daß ich mich öfter mit euch in Gedanken unterhalte als ihr mit mir, küßt Eure Kinder, auch die mich noch nicht gesehen haben.

Euer ewig treuer Bruder Wilhelm.

## 4. Brief

Township little Mamelle
(Stadtschaft, der kleinen Frauenbrust),
Weißer Sonntag, den 6. April 1634,

Es ist nun schon Ostern vorbeygegangen und noch eine Woche darüber, theuerste Eltern! Es sind 8 Monate verflossen, seit ich meinen Brief van hier abgesendet – noch keine Antwort. – Alle meine Landsleute haben Briefe von zu Haus, ich allein harrte solcher schon von Weihnachten an, als wann ich mir eine Antwort berechnet hatte. – Es überfallen mich Augenblicke, in welchen ich mir mit Gewalt zurufen muß, ob ich auch nicht träume, ob ich noch lebe und wenn ich mich so wieder zur Wirklichkeit gebracht habe, läuft es mir siedheiß den Rückgrad hinauf: – 13 Monate kein Wort von zu Haus! Ich finde mich zwar darin bald wieder zurecht, daß mich ja gerade ein Brief ganz unglücklich machen kann; ich muß ja fürchten, daß er mir die schönen Bilder, in denen ich hinter dem Pfluge hergehend oder im Walde wandernd die Meinigen den ganzen Tag mir vorschweben sehe, auf immer vernichtet und mancher mich zuweilen überfallende Angstanflug oder schreckhafte Traum zur fürchterlichen Wahrheit gestempelt mir die heiteren Stunden dahier im fernen Land verscheuchen werde. – – – Wenn ich mir die in unserer Familie eingewurzelte Schreibnachlässigkeit mit den grellsten Farben vormale und mir alle möglichen Verzögerungsanlässe der weit auseinander wohnenden Familie vorzähle, so kann ich doch die Überzeugung nicht wegdemonstrieren, daß, wenn auch erst am Neujahr geschrieben worden wäre, ich nun den Brief erhalten haben müßte.

Da ich jedoch auch *die* Überzeugung habe, daß mir geschrieben worden und *daß* ich nach mancher hinuntergekämpften unangenehmen Erinnerung an mich doch einer Antwort werth gehalten worden bin, so liegt mir klar vor Augen, daß Ihr Brief verloren gegangen ist. Mein großer Brief kann zwar auch verloren gegangen sein, allein ich habe zur Vorsorge dieses möglichen Ereignisses ein Blättchen an Sie in den Brief meines Freundes Grollmann und eine Erwähnung meiner in dem Brief meiner Nachbarn Markgut von Giessen besorgt, so daß Sie doch wissen, daß ich noch lebe, gesund bin und wo ich bin. Ihr Anliegen um meine Person müßte in einem solchen Fall weit größer seyn, wenn Sie mich lieben, wie mir mein Gefühl sagt, als mein jetziges Anliegen um Sie, da Sie an einem mir ja so wohl bekannten Platze leben, wo hoffentlich bis jetzt noch alles in seiner Ordnung geblieben ist. Übrigens genug nun hiervon, ich will zur

## 4. Brief

Schilderung meines jetzigen Lebens und dessen Verhältnissen übergehen, so weit ich dies in der so eben zu beginnenden Fortsetzung meines Hauptbriefes anzuführen für unpassend halten werde.

Als ich vorstehendes schon einige Zeit niedergeschrieben und mit Fertigung des Hauptbriefes in der Mitte war, denn daß es damit nicht rasch gehen konnte, werden Sie, liebe Eltern und theuere Geschwister; aus meinen Darstellungen der täglichen Geschäfte sehen können, erhielt ich gelegentlich eines Geschäfts in der Stadt am 1. May Ihren lieben lieben Brief, der mich jetzt so glücklich macht. Meine Gemütsbewegung war sehr groß – Freude kann ich es nicht nennen, ich wußte ja den Inhalt noch nicht. Ich nahm den Brief unerbrochen mit nach Haus, machte ihn 3 Tage nicht auf und endlich am 4. Tag, einem Sonntag Morgen, ging ich damit auf einen hohen Berg nahe an meinem Hause, wo ich auf der höchsten Felsspitze, meinem Lieblingsplätzchen, welches die Gegend weit und breit beherrscht, unter heißen Tranen das entscheidende Papier entfaltete. Am meisten bangte ich für meine liebe fromme Schwester Lotte (Charlotte, verh. Wundt in Laudenbach) für Sie, liebe Mutter und für meine liebe Karoline und deren Mann, auch manchmal für den Vater; es ist eigentlich thöricht, so dumme Gedanken, wie man sie manchmal bekommt, mitzutheilen. Alle meine anderen Geschwister und die Tante konnte ich mir nur gesund und wohl denken. (Caroline, verh. m. Hofrat. Dr. Stehberger, Nettchen = Johannetta Seyd, Tante = Verw. Frau Pfr. Bender) Karl hatte die Adresse geschrieben (Karl Ludwig, der Postmeister), für den hatte ich nichts mehr zu fürchten; aus dem Briefe selbst fiel mir zuerst die Handschrift meiner treuen Mutter in die Hände und die der Andern nach der Reihe. Ich erkannte mit Rührung, daß ich eine solche Gnade Gottes nicht verdiene und noch weniger solche Liebe der Meinigen, wie sie mir aus all den reichlichen Zeilen entgegensprach. Um meinen Leuten, welche auch auf den guten oder bösen Erfolg gespannt waren, ein Zeichen meiner Freude zugeben, ließ ich die zwey Läufe meiner Büchsflinte krachen; zum Mittagessen lud ich den alten Knapp und den Roth ein, und wir tranken mit noch 3 erhaltenen Bouteillen Weinheimer Ihre Gesundheit nach der Reihe; ich theilte meinen Gästen sodann auch die sie interessierenden vaterländischen Nachrichten mit.

Da nun Ihre Brief sämtlich vom 25. Nov. und den daran liegenden Tagen datiert, sind, Sie sich aber gewiß nicht versehen, daß derselbe 5 Monate gelaufen ist, so muß ich mich möglichst eilen, meine Briefe fertig zu bringen, damit Sie

# 4. Brief

nicht in unnöthige Angst wegen mir kommen; ich muß zu diesem Behuf die nothwendigsten Geschäfte auf die Seite setzen.

Sie haben sich schon aus meinem ersten Briefe, werden sich aber noch mehr aus diesem überzeugen, wie ich mich fast täglich körperlichen Arbeiten unterziehen muß, allein weit zöge ich solche meinem früheren Geschäftskreise vor, wenn ich zugleich bey meiner Familie seyn könnte, überdies dürfte ich ja hoffen, daß ich mich in mehreren Jahren zu solchen Verhältnissen emporschwingen kann, welche mein persönliches Angreifen nicht mehr unablässig verlangten, ja mir sogar Gelegenheit zum reich werden geben könnten, wenn ich darin mein Glück suchte. Einzig und allein *ich* habe eine 18 Acker große gepachtete Plantage, welche gerade über den Bath an meiner Plantage liegt, herumgeackert und zum Welschkornstecken präpariert, ich marschierte aber auch 3 geschlagene Wochen mit meinem Maulthier darauf herum; auch die Kartoffeln habe ich auf meiner eigenthümlichen Plantage so untergeackert. Lippert und Adam sind deshalb nicht müßig, denn wenn man Backofen, Haus und derartige Einrichtungen machen will, gibt es Arbeit genug;: Adam ist so sehr zum Fieber geneigt als ein Deutscher und braucht im Ganzen so viel Abwartung als er eigentlich helfen kann; ich habe ihn sehr gerne, er ist ein sehr gut gearteter verständiger Bursche von Gefühl; wenn er den Seinigen nicht selbst schreibt, daß er so häufig das Fieber wiederbekommt, bitte ich, es denselben nicht zu eröffnen. Auch Lippert hatte schon einige mal das Fieber, ist aber jetzt wohl. Ich versichere Sie, es war keine Kleinigkeit für mich gerade damals, als ich die Indianerfuhr zurecht richten und meinen nebst Knapps Hausrath nach der Stadt bringen mußte, nicht bloß ohne alle Hilfe zu seyn, sondern den beiden Burschen, wenn ich nach Hause kam, noch abzuwarten, da beyde zugleich das Fieber hatten, Berbchen, das gute Kind, hatte mich schon vorher verlassen. Diese Canaille wurde mir als eine Geißel Gottes zu diesem harten Anfang noch mitgegeben; um kurz von ihr abzukommen: sie ließ wenigstens die 5 Cardinalfehler an sich bemerken. Ihr Bruder ist auch ein roher grober Kerl, den in genießbarer Ordnung zu erhalten mir bis jetzt nur durch Politik und Energie möglich war, obschon ich sehr in der Klemme gesessen wäre, wenn er mir auch weggelaufen wäre, so wollte ich mich doch lieber zu tod plagen, als mich ohnmächtig für den Vasallen eines solchen gemeinen Menschen zu erklären; zum Lob muss ich ihm nachsagen, daß er sehr fleißig ist, was ihm auch seiner Zeit Früchte tragen wird. Ich muß hieran die Bitte schließen, jedem dringend abzurathen, Leute mit hierher zu nahmen, und wenn er glaubt, es seyen die ordentlichsten auf der Welt; statt aller Beyspiele sage ich Ihnen nur, daß ich der einzige bin, bey dem noch ein solcher Deutscher ist. Mag sein, die anderen haben ihre Leute danach behandelt. Einen Schwarzen kann ich mir vorderhand noch nicht anschaffen und bis ich es dazu bringe, muß ich mich noch tüchtig wehren und manches gefallen lassen. Ich versichere Sie, dieses L. Geschwisterpaar hat mir auf der Reise schon und auch hier durch seine Unverträglichkeit und Grobheit vielen Verdruß gemacht; ich danke wahrhaft Gott, daß der Hauptteufel von mir gelaufen ist. Von Oktober an, wo Berbel mich verließ, habe ich Knapps mittelstes Mädchen bey mir; es hat hier auch seine natürlichen ..., allein es ist doch Ruhe im Haus. Wenn ich jetzt schon wieder hier Weggehen wollte, wäre es thöricht, denn mit leeren Händen wieder zu kommen, wo ich mit vollen wegreiste, ginge meinem Charakter zu nahe, besonders da ich gerechte Hoffnung habe, meine Sache gut zu machen. Unser Herr Gott hat mich offenbar vor meinen übrigen Landsleuten begünstigt! Ich habe oft zu mir selbst gesagt, es müssen fromme Leute für mich gebetet haben: Ich bin erstlich kerngesund geblieben bis jetzt, während alle andern mit Fieber geplagt waren und nichts thun konnten; ich habe ferner um den billigen Preis von 150 Thlr die herrlich gelegene, 7 Acker geklärtes und 40

Acker Eigenthum enthaltende Plantage, welche mehr denn 50 Pfirsichbäume enthält, hinreichend für Dörrobst, Essig- und Branntweinbedarf; besondere Verhältnisse spielten mir den Pacht der großen Plantage für den billigen, fast lächerlichen Preis von 1000 zu fertigenden Fenzstangen (womit die Einzäunung zugelegt wird) und 2½ Thlr Geld in die Hände; ich habe 4 herrliche Pferde und hinlänglich anderes Vieh. Meine armen Landsleute (mit Ausnahme Knapp) haben dagegen nichts als mancher ein armseliges Plantägchen ohne Eigenthum; obschon mancher wegen Krankheit zu entschuldigen seyn möchte, so ist den meisten doch der Vorwurf einer trägen Gemütsruhe und Lahmlichkeit zu machen, in welcher sie ihr Geld verzehrten, statt sich geeignete Sachen dafür zu kaufen, sich Provisionsmittel durch Tausch entbehrlicher Geräthschaften beizuschaffen und dabey dem Maul Abbruch zu thun. Mein Geld hätte bei weitem nicht hingereicht, nur den Proviant für mein Haus auf 17 Monate anzuschaffen, wenn ich mich nicht wie ein Handelsjude herumgetrieben hätte und das Ende vor Augen gehabt hätte; ich hielt mein bares Geld für die Sachen zurück, welche ich ohne dasselbe nicht hätte bekommen können; an dem gesteigerten Wagen allein profitierte ich nicht nur meine 4 Pferde (350-370 Thlr) rein, sondern noch dazu. Die Indianerfuhr hätte mir aber fast den Hals gebrochen; ich wollte diesen fast gewissen Profit nicht fahren lassen und mußte 3 Pferde, welche mir einige Tage vorher nacheinander temporär unbrauchbar dafür wurden, mit neuen ergänzen, was mich so in Schulden steckte, daß mich Kleins ehem. Apothekergesell, welchem ich 30 Thlr. für ein Pferd auf kurze Zeit schuldig blieb, verklagte und umgeworfen hätte, wenn ich nicht offenbar von oben Hilfe bekommen hätte; dieser Mensch ist nun nach Pensylvanien gereist und diese 30 Thlr. wurden ihm mit 50 anderen den Deutschen für Arznei ausgeschundenen auf dem Dampfschiff gestohlen. Heintze konstituiert mich, warum ich von meinen Landsleuten nichts schreibe; Ich habe von mir hinlänglich zu schreiben und wenn es ihn interessiert, wie es denselben geht, soll er sich an die ihrigen wenden, welchen sie ihre Lage ohne Zweifel ausführlich schreiben werden; ich finde mich nicht dazu berufen.

Karls Zeilen in Heintzes Brief versetzen mich in große Ungewißheit, ob Sie nicht schon einen Brief an mich abgeschickt haben, den ich nicht erhalten habe; er erwähnt des lieben Sophiechens Tod (Tochter von seinem ältesten Bruder Heinrich) als einer mir schon bekannten Sache. Der Tod des lieben Engels trübte meine Freude sehr, möchte doch Gott unserm ehrlichen Alten ein anderes Kind bescheren, was *gewiß* zu dem

Glück seines künftigen Lebens nothwendig ist. Von meinem N. Orleanser Brief ist nichts gesagt, von Nettchen nichts, von dem kleinen Pagenstecher (Sohn seiner Schwester Johannetta 1. Ehe) der so oft im Traum bey mir ist, nichts, von Lorchens zweitem Kinde (Stockhaust nichts; sogar Karlinchen sagt nichts von ihren Kindern. Von Neuigkeiten, die mich interessieren, erfuhr ich nur von der Chausee; von der Hospitalgeschichte, der Lindauerschen Geschichte, dem Amt, Mordthaten und Purzelbaumen nichts; ich hoffe, die Tante fertigt mir hierüber einmal ein Depeschchen aus.

Sie erlaubten mir zu schreiben, was ich gerne von draußen geschickt haben möchte; es ist mein Wunsch einige gute Schellen für das Leitvieh zu haben, welche eine Harmonie geben, es müssen aber oben Henkel seyn, damit man einen Riemen durchziehen kann; auch eine komplette Jägermontur mit passendem Hütchen wünschte ich. Schellen, die man nothwendig hier braucht, kann man gar nicht so gut haben wie bey uns, und eine Kleidung würde ungeheuer viel kosten; bemerken muß ich, daß mir letztere nicht durchaus nothwendig ist. Ich muß mich kurz fassen, denn die Zeit brennt mir unter den Füßen, wenn ich mir denke, daß Sie vielleicht jetzt schon einen Brief erwarten.

## 4. Brief

Habe ich bis Weihnachten keine Antwort von Ihnen, so sende ich doch einen Brief ab, welchen ich bis zu dieser Zeit fertig halte. Auf den Fall, daß dieser Brief verloren gehen sollte, lege ich einige Zeilen in den Brief meines Nachbarn Roth v. Frankfurt, welche seine Eltern, Güterschaffner, an Sie bestellen werden. Leben Sie nun wohl, liebe Eltern! und fahren Sie fort, meiner in Mußezeiten zu gedenken, wie ich täglich an Sie mit Liebe denke.

Meine lieben Geschwister, Schwäger und Schwägerinnen können fest überzeugt seyn, daß ich mich oft in Gedanken mit ihnen unterhalte, wenn ich sie auch nicht alle namentlich hier anführen kann – sie wissen es ja, wie sehr ich sie alle liebe. Tausend und aber tausend Küsse meiner ganzen Familie und viele Grüße meinen Freunden ...

Die ... habe ich mir schon oft herbeigewunschen, die wäre recht für mich. ... und ... vermisse ich jeden Freytag bey zunehmendem Licht.

Leben sie wohl und schreiben Sie bald wieder Ihrem sie treu liebenden

Sohne Wilhelm, 17. May, Pfingstsamstag.

# 5. Brief

Township little Mamelle b. little Rock,
April 1834.

Es wird niemand auffallen, wenn ich meinem vorigen Brief vom 15. July manches, was erheblich, nachzutragen und auch manches darin zu verbessern habe; denn wenn man in einem Lande, wie hier 8 Monate älter geworden ist, hat man manche neue Bemerkung gemacht und auch manche andere Überzeugung geschöpft; den Trost kann ich aber jetzt geben, daß ich nun fast ein Jahr dahier lebe und meine jetzigen Ansichten nicht leicht wiederum Änderungen erleiden möchten.

Im September vorigen Jahres besuchte ich mit Jaeger und Grollmann einen Deutschen, der wenige Tage nach uns hierher kam; sein Name ist Davis, er ist aus dem ehemals Walbrun'schen Dorf Saulheim gebürtig, hat, was wunderbar zu sagen, in Wien längere Zeit als Milchfrau und in London als Höcklerin[7] gelebt und beschließt nun seine alten Tage wieder in Figur eines Mannes dahier in Ruhe. Er hatte erfahren, daß wir uns über einen künftigen Wohnsitz noch nicht bestimmt hatten und ließ uns dringend bitten,

---

7 Kleinverkäuferin.

vor Fassen eines festen Entschlusses die dasigen Gegend zu besuchen, da er der festen Überzeugung sey, daß die Umgebung hier einem Deutschen gefallen müsse. Ich fand die Gegend ganz meinem Wunsche gemäß: 5 Stunden von der Stadt zu Land, 2 Stunden an den Arkansas; ein Thal von beiden Seiten bald enger bald weiter von Bergen, wobei mehrere von beträchtlicher Höhe sind, eingeschlossen; das Thal selbst aus dem herrlichsten Bottom-Land und die zunächst liegenden Anhöhen aus Lehm, Löß und anderen sich zum Weinbau, Weizen, Hafer und derartigen Fruchtsorten qualifizierten Land bestehend; dabei ist das Thal von einem Bach (kleine Mamelle, franz. Frauenbrust) von der Größe der Weschnitz durchflossen und so hoch liegend, daß das Anschwellen des Flusses bei dem letzten, bekanntlich dem höchsten Wasserstand nur 4 Meilen den Bach schwellte; es ist leicht denkbar, daß sich dabei die herrlichste Weide in dem Bachthal und den einmündenden Nebenthälern befindet. Da ich mich seither von dem für den darin noch ungeübten Einwanderer etwas mühsamen und zeitraubenden Landbeurbaren besser in Kenntnis gesetzt und die Überzeugung gefaßt hatte, daß der billige Ankauf einer Plantage für den Einwanderer vortheilhafter sey, als das Anlegen einer solchen von Grund aus, so bewirkte denn vollends das Anerbieten des Herrn Davis, mir eine beliebige Plantage von den 3 von ihm

## 5. Brief

angekauften um den Preis, was sie ihn koste, zu überlassen, den Entschluß, eine weitere, bedeutende Unkosten verursachende Besichtigung des Territoriums zu unterlassen, und meinen künftigen Wohnsitz *vor* der Hand wenigsten dahier aufzuschlagen. Ich war hierzu um so mehr geneigt, da ich bis jetzt mehrfach Gelegenheit gefunden hatte, mich über die Verhältnisse der andern Gegenden des Arkansas-Gebietes näher in Kenntnis zu setzen.

Grollmann und Jaeger fanden wohl Gefallen an der dahiesigen Gegend, allein sie glaubten dennoch eine schönere finden zu können und da sie darauf gar kein Gewicht legten, daß dieses Mamelle-Thal so nahe bei Little Rock liegt, was ich des Geldwerwerbes halber einigermaßen berücksichtigte, so wählten sie die von Jaeger vorher schon so belebte Gegend von Little Red River (kleiner rother Fluß), wo ich bis jetzt denselben noch keinen Besuch abstatten konnte, deshalb auch nichts Näheres darüber sagen kann. Ich hatte mir einige Tage vor dem Besuche in diesem Thale einen großen, zum Transport der Indianer geeigneten Wagen nebst 5 Pferden mit Geschirr von den Vereinigten Staaten gesteigert, wozu ich mich, obschon ich keine 5 Pferde nötig hatte, teil aus Spekulation auf eine zu akkordierende Indianerfuhr, theils weil diese Fuhrwerke, wegen deren großen Anzahl wohlfeil wegkommen, veranlaßt fand. Sie werden über diesen Punkt bei meiner Beschreibung der Indianer mehr Licht bekommen. Knapp erklärte ebenfalls dahin zu ziehen, wo ich mich festsetzen wollte und von Herrn Davis eine zweite Plantage für den Kaufpreis zu übernehmen, was alles bewerkstelligt wurde, ohne daß Knapp oder eines der Seinigen die Gegend nur gesehen hatte, die übrigen Landleute, welche den Sommer über mit mir auf der Plantage des Herrn Eschele gelebt hatten, machten sich wegen Geldmangel theils Plantagen in dieser verhaßten Gegend, theils kauften sie sich kleine; die ledigen Bursche aber gingen in die Stadt, wo sie im Taglohn arbeiten. Sie werden sich aber noch aus meinem ersten Brief erinnern und werden es noch einmal aus der Beschreibung meiner und Knapps abermaligen Wanderung ersehen, daß es kein Spaß ist, hier von einer Gegend in die andere zu ziehen; ohne bedeutende Geldauslagen ist dies für einen nicht reichlich mit Fuhrwerk ausgestatteten Einwanderer eine Unmöglichkeit, wenn er nicht alle seine Effekten im Stiche lassen will. (Der Amerikaner hat nicht mehr Gerät als ein Zigeuner, was er mit Frau und Kindern leicht auf Pferden von einem Ort zum anderen bringt).

Dies wußten auch unsere früheren plantagenverkauflustigen Herren Nachbarn wohl, als sie unsere vielen Effekten gesehen hatten und konnten das Lachen nicht verbergen, wenn auf unser mögliches Wegziehen die Sprache kam; als sie aber das Erscheinen meines kleinen Wägelchens und dann gar meinen großen Fünfspänner sahen und auch an den übrigen Anstalten merkten, daß der Abzug mit Gewalt durchgesetzt werden solle, verlor sich doch das Lachen allmählich, und die frühere nachbarliche freundliche Gefälligkeit nahm unter der Versicherung, daß es überall, außer hier, kränklich sei, täglich ab. Vor Eintun unsererer nicht nach unserer übertriebenen nach vaterländischer Erwartung ausgefallenen Kornernte konnten wir hier nicht weg; so wurde es Ende Oktober, und unsere Kartoffeln mußten wir ganz im Stich lassen, weil diese noch nicht reif waren. Ich hatte während dem eine Indianerfuhr akkordiert, vermöge deren mein großer Wagen den 1. November am Mississippi seyn mußte; ich hatte von diesem Tage an nebst Futter für Mann und Pferde jeden Tag 4 Dollars (10 Gulden) zu bekommen, und dieser Zustand sollte 90 Tage dauern. Die Spekulation wäre gut gewesen, allein mein Wagen kam in 14 Tagen ohne Ladung zurück, für welche Zeit ich auch nur bezahlt wurde. Ich halte es für überflüssig, Ihnen eine Schilderung von dem beschwerlichen Geschäft des Zuges zu machen, da ich mich schon in meinem ersten Brief um eine Darstellung des Bezugs der Plantage bemüht habe, was diesmal nicht mehr so arg war, da wir die Sache besser verstanden und auch wegen meinem Fuhrwerk keine baren Auslagen hatten. Die Hauptsache war vorerst, alles über den fatalen Stink-Forch in die Stadt zu bringen, wo wir es in einem deutschen Haus niederlegen konnten und von wo wir zu unserem neuen Wohnsitz nur 6 Stunden, wo möglich nur eine Tagreise hatten; es war hierzu das Aushauen eines neuen Wegs und das Schlagen einer Brücke nötig. Ich war durch mancherlei Zufälle veranlaßt, meine Pferdezahl bis zu 8 vermehren zu müssen und hatte daher noch hinlänglich Pferde zur Bespannung des kleinen Wägelchens, wenn auch Patienten dabei; so ging es nun 14 Tage zuerst mit dem Entbehrlichsten und den letzten Tag mit den Haushaltungen selbst nach der Stadt. In dem deutschen Haus feierten wir den Sonntag und montags ging es dann in aller Frühe (der große Wagen war währenddem zurück) mit einem Sechs- und einem Zweispänner von der Stadt weg, wobei ich, wie immer à la tête hier als Stangenreiter figurierte; eine andere Ladung war zu Wasser stromaufwärts gegangen. Wenn solche Touren vorbei sind, kann man wohl darüber lachen und wünscht sie sogar gemacht zu haben, allein während derselben muß man sich doch zum Lachen zwingen. Das Gepäck hatte sich vermehrt, weil die Familie Markgut, welche vorher bei

## 5. Brief

dem Deutschen über dem Fluß lebte, nun auch diesen ungesunden zu verlassen und in unser gesundes Thal zu ziehen beschlossen hatte, deren Gepäck ich künftiger freundlicher Nachbarschaft halber auch zu fahren mich leider überreden ließ. Wir mußten den sehr schlechten Bergweg fast überall erst machen und deshalb bei dieser ersten Fuhr auf der Mitte des Weges unter einem Zelt übernachten. Der Weg möchte dem Weg nach Aschbach über Buchklingen zu vergleichen seyn, nur daß er kaum als Fußpfad kenntlich und allenthalben mit umgefallenen himmellangen Bäumen gesperrt war. Auf dem Platz, wo wir übernachten mußten, ritzten wir das Weinheimer Stadtwappen unter Beisetzung des Tags in eine Tanne, weshalb dieser Platz auf ewige Zeiten den Namen Weinleiter behalten mochte. Kurz – von dieser Beschreibung zu kommen: ich mußte den Weg sechsmal mit beiden Wagen machen, bis alles Gepäck der drei Familien hier außen war; man kann sich wohl denken, daß bei solch einem Weg nicht unmäßig aufgeladen werden konnte. Als ich nun mit diesem Fuhrwesen fertig war, war ich darauf bedacht, einen Theil meiner Pferde und den Großen Wagen, welcher mir in solcher Gegend von keinem Vortheil war, wieder an den Mann zu bringen, was mir auch gelang. Ich habe jetzt noch 4 Pferde, ein Maultier, welches man das schönste im Territorium nennt, und wofür mir schon mehrmals 100 Thaler geboten wurden, ein sehr schönes Reitpferd von 100 Thlr, welches ich unter sehr glücklichen Auspizien für massig ... einhandelte und dann 2 starke Zugpferde, der eine von 70, der andere von 80 Thlr; ich habe somit Pferde genug; Kühe habe ich 12 und Schweine 12, beides mehr als hinlänglich für einen Anfänger, der kein Futter hat, sodann ein Paar Ochsen. Weil ich nun einmal das Wort Futter berührt habe, so halte ich es für passend, ausführlich über diesen Punkt zu reden, da Sie sich *meinen* früheren Ideen nach zu schließen hiervon übertriebene Begriffe machen werden. Es ist in der Nähe der meisten Plantagen von Ende März, höchstens Anfang April bis in den Herbst so viel Futter, daß keinerlei Sorte Vieh, selbst nicht einmal das Pferd, wenn man es bloß zu mittelmäßigen und nicht fortwährenden Arbeiten gebraucht, einer Fütterung von Menschenhand bedarf. Allein im Winter ist dies etwas Anderes. Wer vom Herbst bis Frühjahr Pferde zum Gebrauch zu Hause haben will, oder wer in dieser Zeit Kühe mit jungen Kälbern des Melkens halber zu Hause hat, oder wenn anderes Vieh zu Hause bleibt, muß dieses, was Pferde und Milchkühe betrifft, täglich, und was das andere Vieh anbelangt, wenigstens an den Frost- und Schneetagen einigermaßen gefüttert werden. Alles Vieh, was der Pflanzer auf diese Art nicht zu Hause bedarf und was nicht von selbst an einen

## 5. Brief

Futterplatz geht, muß er in die Cane treiben. Cane nennen die Amerikaner eine Art Rohr, welches zuweilen zimmerhoch an den Bächen, besonders aber an Einmündungen der Bäche in Flüsse, wo häufige Überschwemmungen Vorkommen, wächst, Winter und Sommer an allen Zweigen grüne Blätter hat, welche winters süß, dahier von dem Vieh geliebt, sommers aber sauer schmecken, und welche das Vieh mit einzelnen speziellen Ausnahmen gut nähren. Das Vieh, welches der Amerikaner zu Hause hält, füttert er mit Kürbissen, so lange dies der Kälte und des Vorrats halber geht, sodann mit Welschkorn und zwar 20-30 Kolben per Tag für ein Pferd und auch mit heuartig gedörrten Welschkornblättern, wenn die Trägheit es zuließ, solche zu machen. Ich hatte kein Futter und brauchte meine Pferde oft diesen Winter, ich mußte mich also dazu bequemen, die Pferde an einen 3 Meilen von meinem Haus entfernten Rohrplatz zu tun, wöchentlich zweimal daselbst Besuch mit Salz zu machen und wenn ich einen oder mehrere brauchte, sie mittelst dieses Salzes habhaft zu werden suchen, wobei mir der Herr Massik einige ganz ordentliche verabreichte, weshalb ich ihn auch unter Heimlichhaltung seines Fehlers an einen Amerikaner verhandelte. Salz müssen die Pferde beim Rohrfutter haben, und nach ihnen sehen muß man auch, denn sie können sich sonst ins Unendliche verlaufen.

Es wird dies manchem die Idee benehmen, daß man hier weder Winter- noch Sommerfutter bedarf, dabei das Vieh gebrauchen könne und ohne alle Mühe nur so holen dürfe, Mann kann dies – ja – allein das Vieh wird hundsmager und läuft Gefahr, bei kaltem Winter einzugehen.

Dem Futter zunächst verwandt sind die Victualien für Menschen. Ich habe diesen äußerst wichtigen Punkt in meinem früheren Brief nur deshalb nebenbei berührt, weil ich noch keine ganz ausführliche Kenntnis davon und besonders wie es darin in den verschiedenen Gegenden des Territoriums stehe, gehabt hatte. Ich will vorerst diejenigen Artikel besprechen, welche sich der Farmer nicht selbst bauen kann, als: Weißmehl, dies ist von Weizen bereitet, wird von den älteren Staaten, besonders Ohio eingeführt und kann deshalb dahier nicht bereitet werden, weil keine Beutelmühlen existieren und auf den hiesigen Mühlen das Welschkorn kaum fein geschrotet werden kann. Ein festgestampftes Kleinohmfaß (ca. alt Malter) voll kostet im Ankauf 2½-3 Thlr, dahier aber 6 Thlr; dieser Preis steigt aber bis zu 10 und 12 Thlr, wenn der Fluß wegen Seichtigkeit nicht mit Dampfschiffen befahren werden kann, was gewöhnlich von Juli bis November der Fall ist; es ist ganz natürlich, daß in solch langer Zeit die Vorräthe aufgezehrt werden und der leichtsinnige Ameri-

# 5. Brief

kaner kauft sich keinen Vorrat, obgleich dieser Weißmehlmangel jeden Sommer vorkommt. Den Preis des Kaffees und Zuckers habe ich früher schon erwähnt, habe aber seither ausgemittelt, daß die Kaufleute an dem Pfund nur 2 Cents profitierend bemerken muß ich hier noch, daß der Preis demselben Wechsel unterliegt wie der des Mehls; Reis hat denselben Preis wie bei uns und der Bedarf der übrigen Artikel, als Zimt usw. ist zu unbedeutend, als daß ich hier jedes einzelne abhandeln sollte. Diejenigen Erzeugnisse, welche der Farmer selbst zieht oder doch ziehen kann, sind nach Verhältnis noch teurer, wenn dieselben zu kaufen jemand gezwungen ist; so kostet z.B. das bushel (ca. 5 Virling) Welschkorn zur Zeit der eingethanen Ernte ½ Thlr, gegen das Frühjahr aber ¾ Thlr, und im Bonner sogar 1-1¼ Thlr, welch letzterer Preis aber außer der Regel sein soll, wie die Amerikaner sagen. Ich weiß nur so viel, daß voriges Frühjahr und dieses Frühjahr diese Ausnahmen eingetreten sind. Kartoffeln pflanzt man 3 Sorten dahier; die einheimische Sorte ist die sog. süße Kartoffel, an Form unserer Jakobskartoffel gleich, allein an Geschmack roh und gekocht, von dem Geschmack der Kastanie durchaus nicht zu unterscheiden; diese Kartoffeln werden im April gepflanzt und im Oktober geerntet, sie bekommen gleich im Anfang 1½ Schuh hohe Erdhügel, werden 2-3mal vom Grase gereinigt und geben 30-fach aus; man soll davon Bier brauen können. Wie ich höre, werden sie bei uns in Treibhäusern gezogen. Die beiden andern Sorten sind unsere gelben und roten Kartoffel in einer etwas größeren Art; die gelbe Sorte wird im März gepflanzt und im Juni geerntet; beide Sorten sollen nicht so reichlich ausgeben. (Alles dieses habe ich noch nicht selbst geprüft und glaube es daher selbst noch nicht fest). Man kann auch die rote Sorte im Frühjahr pflanzen, allein sie sollen doch nicht vor Oktober reif werden. Sehr viele Farmer pflanzen ihren Bedarf süße Kartoffel; mit den andern befaßt sich nur ausnahmsweise manchmal ein reicherer Farmer. Der Preis für das bushel süße Kartoffel ist zur Erntezeit ½ Thlr, der Preis der gelben ist gegenwärtig 2 Thlr, für welche Preise ich meine Samen 20-40 Meilen weit holen mußte. Es ist unglaublich, allein dennoch baut auch dieses Jahr wieder kein Farmer unserer nahen und fernen Nachbarschaft diese sog. irländische Kartoffel, weil, wie sie sagen, die Herbeischaffung des Samens zu viel Mühe mache; ich glaube, auch der Ankaufspreis dieser aus Ohio verschriebenen Kartoffel geniert dieses leichtsinnige Volk. Dasselbe Verhältnis ist mit Kraut, Zwiebeln, Bohnen und dgl. Obschon dies von den Einwohnern sehr geliebt wird, so bauen doch sehr viele aus reiner Faulheit nicht einmal ihren Bedarf. Das Krauthäuptchen kostet den Käufer einen Pitt (18 kr), so wie die Melone, der Kürbis und ähnliche Erzeugnisse. Schweinefleisch kostet grün 3½ Cents und Ochsenfleisch 2-3 Cents, bei dem Schlachter natürlich mehr. Welschkornbranntwein, der übrigens von Ohio kommt, kostet die Gallone, d.i. etwas mehr als 2 Maaß, 40 Cents (1 fl). Hieran reiht sich nun die natürliche Vermutung, daß man hier viel Geld auf leichte Weise machen könne. Ich habe aus mangelnder Kenntnis diesen Punkt lediglich mit der Bemerkung in meinem ersten Brief berührt, daß ich nicht begreifen könne, woher das viele Geld komme. Hierin habe ich denn endlich Licht bekommen und theile die Ansicht meiner schon länger dahier lebenden Landsleute. Es ist sehr wenig Geld hier und was hier ist, kommt durch die von den Vereinigten Staaten besoldeten Beamten (solange Arkansas noch Gebiet und nicht Staat ist, wird es durch die Vereinigten Staaten administriert) und durch die Verpflegungskommission der jährlich hierdurch transportiert werdenden Indianer her, allein obiger Schilderung zufolge geht dieses Geld samt dem Erlös aus der hie und da gewonnene Baumwolle für Kartoffeln, Kaffee und dergl. wieder fort in die anderen trauten. Pferde und alles dies hat die hohen Preise, allein die Verkaufsgelegenheiten sind seltener; dahingegen ist für die vorhin genannten Victualien immer bares Geld zu lösen, aber nur in der Gouvernements-Stadt Little Rock, wo sich viele Beamten finden, welche sich diese Sachen nicht selbst bauen können; ausser der Stadt ist selten etwas zu verkaufen, denn der Farmer, welcher sich seinen Bedarf nicht selbst baut, ist ganz geldarm. Im Großen ist, was das Territorium anbelangt, gar nichts zu machen, denn die Lumperei und Borgerei, welche in diesem Punkt hier stattfindet, übersteigt alle Begriffe; dieses ist der Grund, warum ich großes Gewicht auf die Nähe von Little Rock bei meiner Niederlassung gelegt habe, weil hier die Eßwaren-Erzeugnisse, auch fette Ochsen und Schweine so gut wie bares Geld sind. Wer ein Geschäft treiben will – was seinen Absatz nach New Orleans hat, braucht sich an all diesem nicht zu stören. Ich fühle recht gut, daß mancher den Einwurf machen wird: „Dies kann nicht sein, Geldmangel muß die Preise herunterbringen!" allein ich kann dagegen nur versichern, daß es doch so hier ist. Wie mir die früheren Einwanderer erzählen, war es vor 2-3 Jahren in diesem Punkt noch schlimmer hier. So sehr leicht ist aber der Absatz der Eßwaren für die, welche etwas fern von der Stadt wohnen, auch nicht, denn abgesehen davon, daß die Anschaffung eines Fuhrwerks große Kosten macht, so machen schon die schlechten Wege viele Hindernisse und derjenige, welcher keine Schwarzen oder sonstige Hilfe hat, hat nicht viel Zeit überflüssig, wenn er auf seine Person allein beschränkt, sein Haus ein wenig besser bestellen will als die Amerikaner; da gibt es Brennholz zu machen, Vieh zu suchen und solche Angelegenheiten, von deren Dasein und Mühseligkeit man sich nicht eher einen Begriff machen kann, bis man einmal hier ist. Dies gilt aber besonders vom Anfang.

Was ich in meinem früheren Brief von zahmem Obst gesagt habe, muß ich mit der Bemerkung bestätigen, daß ich nun ausgefunden habe, daß alle diese herrlichen Pfirsiche und Äpfel unveredelt aufgehen. Wilde Pflaumen, Maulbeeren und Kirschen finden sich hier in dem Thale mehr und ist mir die wieder ein Beweis, in welch schlechter Gegend wir vorher lebten; auch habe ich einige wilde Erdbeerstöcke angetroffen; Feldsalat wächst in meiner Plantage genug. Bohnen, Erbsen und dergl. haben wir schon Anfang April offen gehabt. Man muß sich mit allen diesen Gegenständen um so mehr vorsehen, weil man sie nicht einmal für das enormste Geld zu kaufen bekommt.

Was nun die Jagd betrifft, welche ich auf unserm früheren Platze ebenfalls nicht loben konnte, so habe ich mich hier eines andern überzeugen müssen. Ich will nur den gegenwärtigen Wildbretzustand beschreiben, denn wenn ich eine Schilderung der verschiedenen Jahreszeiten hinsichtlich des Wildes machen wollte, so reichte hierzu *allein* dieser Brief nicht zu. Wenn ich nach Vieh oder zur Herbeischaffung eines Victualien-Gegenstandes einen oder einen halben Tag ausreite, sehe ich oft 2 bis 30 Hirsche, 1-40 Welschhühner und 6-70 Enten. Die Schnepfen und Bekassinen laufen auf demselben Acker herum, während ich darauf pflüge, dabei höre ich oft bis zu 10 Welschhühner-Gesellschaften rings um mich herum kullern; manchmal kommen sie sogar auf die Plantage, wir haben hier schon 5 geschossen. Bei all diesem habe ich noch sehr wenig geschossen, weil ich sehe, daß nichts dabei herauskommt. Wenn man ausreitet, um Geschäfte zu besorgen, bringt man zwar ein Stück Wildbret nach Haus, wenn man sich von diesen Lockungen verführen läßt, allein das Geschäft bleibt denselben Tag entweder ganz oder halb liegen. Den Amerikaner geniert dies zwar nicht, kommt er heute nicht, so kommt er morgen; er sagt einem auch gleich wie viel Hirsche, Bären, Tiger etc. er dieses Jahr schon geschossen habe, wenn man ihn aber fragt, ob sein Haus hergestellt und sein Feld schon geackert sei, so heißt es: noch nicht, aber später. Ich sehe oft Hirsche und Welschhühner, ich greife aber nicht einmal nach meiner Büchsflinte, wenn ich nicht gewiß glaube sie beschleichen zu können. Ich denke bei solcher Gelegenheit sehr oft an den Mephius, ich glaube, er würde mir den Ladstock rücklings in den Leib bohren, wenn er mein kaltblütiges Fortreiten beim Anblick eines Hirsches oder 25-30 Pfund schweren Welschhahnes sähe. Mit den Schrotflinten ist nicht viel zu machen, wenn einer nicht einen guten Hund hat, der ihm die Welschhühner steht. Kurz: ich habe gefunden, daß jetzt noch wenigstens mehr dabei herauskommt, einen Ochs zu erhandeln oder zu kaufen und zu verzehren als die Zeit mit oft nichtigem Jagen zu versäumen. Nichtig war es seither häufig, weil ich nicht so gut schieße und mich deshalb zu dem bubenmäßigen Schießen der Amerikaner herablassen muß, welche alles mit der Büchse aber nur im Sitz schießen; daß man etwas im Flug schießen könne, glauben sie nicht. Die Büchsen der Amerikaner sind so lang wie eine Gänseflinte und haben das Kaliber einer kleinen Tarzerole, sind durchgängig mit Feuerschloß und in ganz verwahrlostem Zustand. Um sich einen Begriff von dem so weltberühmten Schießen der Amerikaner zu machen und von der Qualität ihrer Büchsen, nehme man nur an, daß sie mich und meine Büchsflinte als ein miraculum ansehen, weil ich eine kleine Scheibe auf 170 Gänge vor ihren Augen mehrmals getroffen und weil mein kurzer Lauf mit dem ihnen lächerlich scheinenden großen Kaliber so weit trägt; jeder fragt, wofür der Riemen an meinen Flinten ist, sie selbst haben ihre Büchsen gleich Wingertspfählen auf der Schulter. Enten habe ich schon mehrere von meinem Haus aus auf dem Bach geschossen (alles im Sitz), allein wenn nicht gerade ein Schrot in den Kopf fährt, fliegen oder laufen sie zum Teufel, und wenn sie von den Schrotkörnern kreuz und quer untereinander geschlagen wurden; ich schieße deshalb auch nach keiner Ente mehr, und wenn ich sie von meinem Fenster aus sehe. Mein jetziges Jagen ist: ich setze mich auf ein Pferd, reite 3-4 Meilen weit nach einer Salzlacke, deren in dieser Entfernung drei in verschiedenen Richtungen sind, und an der besten, wo ich mir ein kleines Hüttchen gebaut habe, sitze ich, lese und schieße 1 oder 2 Hirsche oft in einer Stunde, oft länger. Ich hole mein Pferd, das ich gespannt in einiger Entfernung habe weiden lassen, lade meine Beute auf und reite wieder nach Haus. Wenn ich die Fragen noch alle beantworten wollte, die nun der alleinige Gevattersmann Mephius noch zu stellen hat, so würde ich heute nicht fertig mit dem Artikel „Jagd". Doch einiges muß ich noch über Bären u. dgl. sagen: Bären gibt, es genug; mein Nachbar hat dieses Frühjahr schon 2 geschossen, von einem hat er das Junge, welches er mir zum Geschenk machen wollte, das ich aber aus dem Grund nicht nahm, weil ich mir nicht noch mehr Geschäfte machen will, als ich schon habe. Wenn man aber auf die Bärenjagd ausgehen will, muß man etwa 20-30 Meilen an entlegenere Orte gehen; ich habe letzten Dezember an

## 5. Brief

solch einem Ort bei Gelegenheit des Aufsuchens eines mir weggelaufenen Pferdes vier aus *einem* Lager, 20 Schritte von mir, aufspringen sehen; wenn ich Hunde bei mir gehabt hätte, vor welchen sie sogleich auf die Bäume gehen, hätte ich einen nach dem anderen abfertigen können; es wäre dies an Fett, Fleisch und Fell ein Wert von 100 Thlr gewesen. Panther gibt es ziemlich dahier, ein anderer Nachbar hat diesen Winter einen ganz nahe bei seiner Farm geschossen. Büffel gibt es sehr viele 30 Meilen von hier; ich habe noch keinen gesehen und bin auch noch nicht danach jagen gegangen; allein König sagte mir, er habe einen geschossen. Wölfe gibt es sehr viele und viel solches Zeug. Alles geht vor dem Menschen durch, doch soll der Panther und der Bär manchmal die Hunde und wenn keine da sind, den Menschen attackieren, wenn sie angeschossen sind; dies ist der Grund, warum ich nach den 4 Bären nicht schoß, weil ich ganz allein in dieser Wildnis war und keine Hunde bei mir hatte.

Über die Schlangen habe ich in meinem ersten Brief schon einiges gesagt. Ich finde, daß sich die Angabe Dudens und aller Andern hierin bestätigt; es findet nämlich kein Amerikaner der Mühe wert, davon zu reden, und auch wir Deutschen selbst haben unsere Aversion vor denselben ganz abgelegt.

Ich sah noch im Oktober letzten Jahres einige wenige Schlangen und im April d.J. wiederum die ersten. Man hat hier ein aus Hirschhorn präpariertes Wasser, mit welchem man den Biß einer giftigen Schlange und der dahier auftretenden Insekten ganz leicht und gut kuriert. Ich habe selbst von diesem Wasser im Haus und kurierte damit kürzlich das schon geschwollen gewesene Kind meines Nachbarn ganz glücklich. Ich habe mich besonders danach erkundigt und auf diese Art schon manchen gesprochen, der von einer giftigen Schlange gebissen oder einem Skorpion gestochen worden und teils *ohne* dieses Wasser wieder wohl geworden ist.

Über das Klima habe ich Ihnen schon berichtet, soweit meine Kenntnis darin reichte. Die im Juni begonnene Hitze dauerte bis in den Anfang September, in welchem Monat mit Ausnahme einiger noch heißer Sommertage das Herbstliche schon begann. Letzter Herbst dauerte bis zum Neujahrstag, Es fanden sich bis zu dieser Zeit Tage, wie bei uns die wärmsten September- und Oktobertage, je nachdem es immer später wurde. Regenwetter fiel sehr selten ein, und die Nächte, Abende und Morgen waren wie bei uns zur Herbstzeit kühl, oft mehr als kühl. Außer aller Regel kam am 20. Oktober schon ein wenige Tage anhaltender Frost, wie dies bei uns schon manchmal der Fall war, auch am

# 5. Brief

Ende November hatten wir schon einmal einen Tag Schnee. Vom 1. Januar an hatten wir 10 Tage ganz kalt, wie in Deutschland, was sich in diesem Monat auf 1-3 Tage zweimal wiederholte. Mit dem Februar begann ein Wetter wie bei uns ein schöner, sehr schöner März. Dieses Wetter dauerte mit den selben Unterbrechungen fort wie in Deutschland das Frühjahr. Man kann sagen, das Frühjahr kommt einen Monat früher und der Winter einen Monat später als bei uns, dabei ist aber das Wetter beständiger, und Regenwetter hält nie länger als 3 Tage an. Der Winter, vielmehr Januar ist, wie man hier sagt, gewöhnlich mild, oft kaum Schnee; und ein Winter wie der letzte ist außergewöhnlich. Der Wind regiert hier alles; sobald wir im Winter einige Tage anhaltendes Regenwetter haben, und der Wind kommt währenddessen von Norden, so gibt es Schnee und nach diesem die erste Nacht, oft einige Tage lang Frost, je nachdem der Nordwind nachläßt und die Sonne den Schnee gleich wieder am ersten Tage weglecken kann oder nicht. Sie können sich denken, wie empfindlich uns dieser kalte Winter war, indem wir unsere falsche Meinung von demselben durch die leichtfertigen Häuschen bestätigt finden mußten. Diese Häuser sind gleich den hie und da zu findenden Ställen, von Baumstämmen, ähnlich den Meisenschlägen aufgeführt, und die Zwischenräume so wie meistens die

Türen Sommer wie Winter offen. Ich brauche nun keine Schilderungen der Trägheit der Amerikaner zu machen, wenn man sich vorstellt, daß sie lieber die wenigen Tage frieren, obgleich sie ein ungeheures Feuer im Kamin unterhalten, als daß sie die weiten Ritzen verwahren. Es ist nicht zu glauben, und ich nehme es niemand übel, der es nicht glauben will. Soviel weiß ich, daß mich diese Faulenzer in nichts mehr täuschen; ich friere nächsten Winter gewiß keine Stunde; ich hätte auch diesen Winter nicht gefroren, wenn mir diese Art Häuser und fast gar keine Ställe nicht den krassesten Widerspruch mit irgend einer Art Frost vorgespiegelt hätten. Ich habe früher wohl schon erwähnt, daß nach der aufgeführten Lebensart der Amerikaner Fieber und andere Magenkrankheiten unausbleibliche Folgen sein müssen; allein damals hatte ich noch keinen Herbst, keinen Winter und kein Frühjahr erlebt. Aus der Schilderung der Häuser kann sich jeder einen Begriff von den Erkältungen machen, die dabei stattfinden. Das größte Kaminfeuer kann in einem Hause, wo der kalte Nordwind ungehindert – und dick – durchzieht, dem ganzen Körper keine Wärme geben, und die elenden Betten des nachts noch weniger; ich habe auch bemerkt, daß die Hausgenossen der Familie, wo ich bei einem kalten Wintertage übernachtete, während der Nacht mehrmals schnatterten, aus dem Bett an den Kamin gingen und sich wieder durchwärmten; ich bin immer mit der ledernen Bunta versehen, welche ich bei solchen Ausflügen auf dem Sattel habe und so hinlänglich geschützt. Gar nicht ungewöhnlich ist es, daß diesem gewissenlosen faulen Volk in kalten Winternächten kleine Kinder erfrieren. Ich halte jedoch diese Art von Erkältungen noch nicht für so gefährlich für den Körper als die Durchnässungen, welchen sich der Amerikaner in den besagten 3 Jahreszeiten mit der größten Gemütsruhe aussetzt. Wenn er von der Jagd am ganzen Körper, nicht bloß an den Füßen, naß (er badet gleich dem Vieh, ohne sich zu besinnen, in jedem Wasser, das ihm in den Weg kommt) zurückkommt, zieht er sich nicht einmal im eigenen Hause trocken an, geschweige denn in einem fremden Haus. Er trägt denn auch meistens einen Rheumatismus oder sonstige in dieses Fach schlagende Übel davon, was ihm dann zur Ausrede seines Faulenzerlebens dient. Diesem allen nach zu urteilen sollte man glauben, daß ein Deutscher, welcher sich vor derartigen Verwahrlosungen hütet und sich deutscher Kost bedient, ganz gesund bleiben müsse, allein ich muß doch das Gegenteil versichern; die meisten, ich kann sagen alle Deutschen mit Ausnahme einiger Weibspersonen und meiner Person haben letzten Sommer und Spätjahr mehr oder minder Fieber bekommen, was manchmal sehr heftig begann; es scheint mir sonach doch eine Akklimatisierung vor sich zu gehen, wie dies auch Heinrich in Italien und Carl in Ungarn durchmachten. Ich kann durchaus noch nicht zugeben, daß deshalb das Arkansas-Gebiet ungesund sein soll; im Gegenteil – es möchte gesunder sein als mancher andere nördlicher gelegene Staat; so hat namentlich die Hitze im letzten Sommer nach der Aussage von vier Frankfurter Herren, welche als Kommissäre alle Staaten bereisten und auch hier waren, in Missouri während ihres Dortseins 35° R. erreicht gehabt, während sie hier ausgezeichnet war und nur 29 bis 30° R. oder 104° F. erreichte, welches Verhältnis in den nördlichen Staaten allenthalben mehr oder minder stattfinden soll; es möchte überflüssig sein zu sagen, daß die Hitze dahier in ihren höchsten Graden weit länger anhält; dies mag auch der Grund sein, daß man von den in Duden bemerkten so gefährlichen Gallenfiebern dahier nicht viel weiß. Ich bin der festen Überzeugung, daß man in einem guten Haus auf deutschem Fuß ganz gesund hier leben kann; alles dies wird sich jedoch am besten daraus ergeben, ob meine Landsleute diesen Sommer wieder mit Fieber heimgesucht werden oder nicht. Von Cholera weiß man hier noch immer nichts, obgleich schon mehrere aus Dampfschiffen ausgeladene Personen cholerakrank in Little Rock gelegen sind, auch hat die-

## 5. Brief

se Krankheit schon oberhalb des Flusses und an der Mündung desselben öfters geherrscht.

Am Anfang dieses Briefes habe ich eine nähere Schilderung der Indianer versprochen. Die in Deutschland herrschende Furcht vor den Indianern kennt man hier nicht. Im Gegenteil, sie haben den größten Respekt vor den Weißen; ihre Niederlassungen sind sehr fern von hier gegen Osten.

In den alten Staaten haben noch viele Indianerstämme ihre eigenen Gebiete; die Regierung der Vereinigten Staaten kauft ihnen gegenwärtig diese Gebiete nach und nach ab und weist ihnen Wohnplätze an dem vorhin erwähnten Ende der Welt an. Soviel diesem Kaufhandel abzumerken ist, ist es ungefähr dasselbe Verhältnis wie in den Kriegsjahren bei uns mit dem Ankauf der Remonten-Pferde. Die Regierung übernimmt gewöhnlich die Transportkosten von dem alten Platze zu dem neuen; und zu diesem Behufe hatten sich die Vereinigten Staaten die großen Wagen angeschafft. Die Verproviantierung wurde portionenweise versteigert. Die Regierung glaubte besser dabei wegzukommen, wenn sie die Fuhren ebenfalls versteigerte, als wenn sie das ganze Jahr über für eine solche Fuhre Wagen, Pferde und Fuhrmann unterhalte (der Transport ist nur jeden Herbst, wenn die wandernden Indianer ihre Ernte eingebracht haben). Dies ist die Ursache, daß diese großen Wagen, 12 mit Pferden und 70 mit Ochsen bespannt, stückweis am 5. Sept. v.J. von den Vereinigten Staaten versteigert wurden, bei welcher Gelegenheit ich mir auch einen solchen steigerte und auch eine Fuhre akkordierte, allein keine Ladung erhielt, weil die Regierung dem größten Teil der Indianer die Erlaubnis erteilte, noch ein Jahr an ihrem alten Platz wohnen zu bleiben, weshalb statt der angesagten 3000 nur 500 kamen. Die Indianer können auch auf eigene Kosten reisen, dann erhalten sie pro Kopf 10 Thlr. Solche kleinen Truppen rasten gewöhnlich des Jagens halber eine Strecke abseits von der Heerstraße (was die Weißen nicht zu dulden brauchen), bei welcher Gelegenheit ein solches kleines Lager ganz in meiner Nähe 5 Tage war; ich ritt mehrere Male zu ihnen und beobachtete sie ganz genau. Sie kamen mir gerade vor, wie die alten Deutschen zu Herrmanns (des Cheruskers) Zeiten beschrieben werden – versteht sich Körpergröße und Farbe abgerechnet; die Weiber müssen alles tun, während der Mann jagt, sie müssen sogar das erlegte Wild an dem vom heimgekommenen Manne bezeichneten Orte holen (das heiß ich keine Landstande im Haus). Der Anführer, welcher unumschränkte Gewalt über sie hat, hat einen silbernen Ring gleich einem großen Ohrring durch die Nase und bleibt

# 5. Brief

immer zu Haus, wahrscheinlich müssen ihn die andern mit Nahrung versehen. Ich habe Männer und Frauen bei ihnen gesehen, welche noch ganz rüstig waren und die schwersten Holzlasten schleppten und dabei über 100 Jahre alt sind. Ihnen geistige Getränke zu geben ist bei 200 Thlr. Strafe verboten, weil sie betrunken allerlei Unheil unter sich anstellen. Sie sollen nicht stehlen, ich fand jedoch für gut, trotzdem ein wachsames Auge auf meine Pferde in dem Rohr zu haben. Sie haben den selben Rechtszustand wie die Neger in Bezug zu den Weißen, d.i. nicht sehr viel mehr als das Vieh. Es leben manchmal Weiße bei ihnen und sind unter sie verheiratet.

Ich muß mein im ersten Brief geäußertes Urteil über die Vermögensverhältnisse derjenigen, welche nachkommen wollen, hier abermals wiederholen; jedoch finde ich, daß ich den Zustand für ganz Unbemittelte und wenig Bemittelte viel zu leicht dargestellt habe, was dem aufmerksamen Leser *dieses* Briefes unmöglich entgehen kann. Wer nicht mehr als 200 Thlr. frei hierher bringt, muß notwendig im Herbst oder Winter hier ankommen, denn das Jahr lang Aus-der-Schnur-Zehren möchte ihn in der ersten Zeit sehr genieren; es mag jedoch bei den Nachfolgern alles viel leichter vonstattengehen, da sie schon Leute finden, welche ihnen mit Rat und, wenn Gott will, auch mit Tat an die Hand gehen können, was uns leider ganz abging, denn einen deutschen Farmer trafen wir hier noch nicht an, und die übrigen schon früher in der Stadt wohnenden Deutschen wußten von der Farmerei nichts mehr. Sonach mußten wir alles selbst prüfen, und da macht das Glück oder die Art, wie man sich anstellte, einen großen Unterschied unter uns Landsleuten. Für die, welche gar nichts hierherbringen, habe ich gefunden, ist es noch viel schlimmer; sie bekommen zwar per Monat 12-15 und Handwerker bis zu 30 und 40 Thlr; allein es wird ungeheuer auf die Sacken gegangen, und mit einem Schwarzen fortzumachen ist für einen Deutschen eine Unmöglichkeit. Die Folge hiervon ist, daß der Einwanderer entweder krank wird oder die Lust an der Arbeit verliert und gerne das gemütliche Farmerleben führen möchte, wozu ihm doch die Mittel zur notwendigen und nicht unkostspieligen Einrichtung fehlen; die Folgen hiervon sind häufig ein dem Amerikaner gleiches Faulenzerleben. Es ist ganz natürlich, daß der Taglöhner die Freude an der Arbeit nicht hat wie der Farmer, sodann beträgt das Kostgeld mehr als 10 Thlr im Monat, und zuletzt kann der Dienstherr gewöhnlich nicht auszahlen. Ich muß noch einmal wiederholen, ja alles mitzunehmen, was man nur zu gebrauchen gedenkt.

# 5. Brief

Manchem mag es interessant sein, eine kleine Schilderung von unserem täglichen Tun und Lassen zu hören. Auf dem Platze, wo wir früher lebten, befaßten wir uns natürlich mit keinen großen lästigen Verbesserungen, weil dies ohne allen späteren Nutzen für uns gewesen wäre. Die Herbstzeit wurde von der Zieherei und meiner Indianer-Angelegenheit ganz gestopft eingenommen. Der erste ruhige Augenblick wurde dazu verwendet, das Haus mit Leim zu verschmieren, das Kamin feuerfest zu machen, ein kleines Fenster anzubringen und derartige vielfältige Kleinigkeiten, die aber doch viel Zeit kosten. Es versteht sich von selbst, daß die Viktualien-Auftrosserei immer fortging, denn von der Bettelmannsgeschichte eines noch nicht geerntet habenden Einwanderers hat man keinen Begriff, da fehlt es überall, und zu einem zu großen Behelf ist die Zeit doch zu lang. Im Februar begannen wir mit Aufzäumen des Hofes, Gartens und der Umgegend, auch tat ich einige Fuhren für Welschkorn. Mit dem März fing ich zu ackern an, welches Geschäft bis zu Mitte April dauerte; nun stehen 18 acre Welschkorn, 2 acre Kartoffeln der drei Arten und etwas Hafer da. Gegen Ende Mai muß ich das erstemal das Welschkorn pflügen, bei welcher Gelegenheit Dickrüben zum Winterfutter für Milchkühe und Kürbisse die Menge gepflanzt werden; auch die Kartoffeln werden mit dem Pfluge gehackt und gehäufelt zugleich; zu den süßen Kartoffeln werden Melonen gepflanzt; das Welschkorn muß später noch einmal, vielleicht noch zweimal mit dem Pflug vom Unkraut sauber gehalten werden;; dies kann ich alles allein versehen. Nun muß währenddessen mit Graben eines Kellers an dem Platze, wo ich ein Steinhaus bauen will, angefangen werden. Eine amerikanische Mühle muß eingerichtet werden, denn ich muß das Welschkorn, von welchem ich des leichteren Absatzes halber Branntwein brennen will, vorher schroten; ich habe nämlich gefunden, daß man Branntwein besser transportieren kann als das Korn und auch besser zu Geld machen; da ich nun dieses Jahr an 700 bushel Welschkorn machen werde, so habe ich beschlossen, Branntwein davon zu brennen. Wenn auch der Wert des Welschkorns nicht hoch überzahlt wird, so kann man doch auf diese Art bares Geld bekommen; und von dem Abfall kann ich auf leichte Art Schweine (für welche die Gegend dahier wegen Mangel an Eicheln nicht sehr gut ist) und Ochsen fett machen, welche in der Stadt so gut als bares Geld sind. Jeder, der sich nur ein wenig in meine Lage denken will, wird hieraus sehen, daß es an Geschäften nicht fehlt; auch lassen sich noch viele andere Arbeiten, die ich der Weitläufigkeiten nicht alle namentlich anführen kann, sonach von selbst erraten. Steuern hat mir bis jetzt noch niemand gefordert; man hört gar nichts davon.

Ich muß mit der Bitte schließen, mir nachzusehen, wenn ein oder das andere an der Form dieser Zeilen auszusetzen ist, was man von mir hatte verlangen können; ich hoffe darin Entschuldigung zu finden, daß ich den Brief im April schrieb, wo es an Unterbrechungen nicht gebrach. Tausend Grüße meinen Verwandten und Freunden.

W. Hübsch

## 6. Brief

Little Mamelle bei Littlerock,
d. 22. August 1834

*Der Mensch denkt, Gott aber lenkt!*

Von der Echtheit dieses Spruchs habe ich an mir selbst den besten Beweis erlebt. Liebe Eltern! Ich habe Ihnen in meinem Brief vom 6. April von meinen glücklichen Fortschritten und von meinen noch glücklicheren Aussichten erzählt. Die glücklichen Aussichten auf diesen Herbst sind ganz total vernichtet, und die günstigen Fortschritte, die ich gemacht hatte, gingen auch noch schleifen, wenn ich mich nicht sogleich auf die Socken machte und wieder zu Ihnen käme; ich müßte in Angst seyn, später das Reisegeld auftreiben zu können, geschweigen, daß ich einen Kreuzer mit retour brächte. Hören Sie also: die Saat stand recht schön da, da überfällt uns alle vier fast innerhalb 3 Tagen das Fieber; das Unkraut, welches hier in den Plantagen mannshoch wird, muß in der Mitte Juni und später noch einmal mit dem Pflug vertilgt werden; dies war die Zeit, wo wir alle krank und keines für Herbeyholen eines Schlucks Wasser geschweige denn für eine ernstlichere Arbeit tauglich war. Knapps wollten mir aushelfen, kaum hatte aber der älteste Sohn einen halben Tag begonnen, als dieselben binnen 10-12 Tagen nach der Reihe das Fieber bekamen (mündlich und wenn Gott will *bald* ausführlich über eine solche Lage). Das End vom Lied ist, daß das Unkraut unvertilgbar Herr geworden, ich statt der 600 bushel kaum 100 Welschkorn mache und das übrige im gleichen Verhältnis, so daß die Branntweinbrennerey, Viehfettmacherey und überhaupt die Geldmacherey gänzlich im Dreck liegt. Es ist heute der zweyte Tag, daß ich von einem 2-monatigen Fieber befreyt bin, und ich muß mich schnell daran machen, Ihnen meinen Vorsatz zu schreiben, weil ich nicht weiß, wie ich dem Fieber wieder anheimfalle und an schreiben dann nicht denken darf, Sie mir aber, so wie Heintze Sachen schicken wollen; alles eingestellt! wenn es noch Zeit ist, denn ich reise ab, so wie ich meine Versteigerung vollzogen habe. Während meiner Krankheit habe ich hinlänglich Muße gehabt, meine Lage genau zu erwägen; die Beweggründe, welche mich hierher trieben, waren 3:

1) die Neugierde, das unbekannte Land kennen zu lernen,

2) die Überzeugung, daß durch politische Verhältnisse meine Familie früher oder später

möchte gezwungen werden, hier ein Asyl zu suchen und

3) die Aufmunterung von Heintze, Stehberger, Treffurt und anderen, welche thaten, als kämen sie mir schon auf den Socken nach. Der erste Zweck ist erreicht, obschon mit Verlust von Geld; der zweyte Punkt ist ebenso gut erreicht, auch wenn ich wieder zu Haus bin; denn sollte früh oder spät ein solcher Fall eintreten, so kann ich immerhin den Meinigen als Führer dienen, besonders wenn ich noch mich in der Hinausreise in den N. Staaten umsehe. Soll ich mich nun, mich den so ungewissen Hoffnungen auf Heintze und Stehberger hingebend, mich bis zur Erschwingung eines Schwarzen halb tot arbeiten und die fürchterlichen Entbehrungen wie bisher aushalten? Ich habe deshalb den …lichen Entschluß gefaßt, so bald wie thunlich alle meine Habseligkeiten zu versteigern und so leicht als möglich von hier wegzureisen. Ich bleibe den nächsten Sommer in Weinheim, verfasse eine Beschreibung, welche ohne Zweifel bey der Auswanderungslust Abgang finden wird, und besuche meine Geschwister der Reihe nach; den darauf folgenden Winter lasse ich mir Arbeit von einem tüchtigen Advokat in Mannheim für gute gesetzliche Bezahlung geben, da ich sogleich bey meiner Ankunft um das Schriftenverfassungsrecht einkomme und erhalten werde;

wenn ich mich hierbey in mancher Hinsicht eingeübt habe, advociere ich auf eigene Rechnung und nehme meinen Wohnsitz in Mannheim, wenn er mir in Weinheim allenfalls versagt werden sollte. Auf diese Art ist meiner größten Entbehrung dahier, der Umgang mit den lieben Meinigen, abgeholfen. Ich lebe und webe in meinem neuen Plan, der Cod. Nap.[8], die neue Prozeßordnung und dahin einschlägige Bücher kommen mir seit meinem Entschluß nicht mehr aus der Hand, ich studiere mehr noch als 1829 auf das Examen und bekomme diese mir in der Praxi allein tauglichen Lehren besser los, als ich sie vielleicht in Deutschland wegen Geschäfts- und anderen Zerstreuungen je in den Kopf bekommen hätte. Für meinen Fieberzustand ist diese Studiererey freilich nicht am zuträglichsten, allein ich kann nicht anders – es läßt mich nicht ruhen und nicht rasten – ich will und muß auf eigenen Füßen stehen, wenn ich wieder hinauskomme. Möglich, daß die Regierung unterdessen die Nothwendigkeit einer Auswanderungsbeförderung des Plebs erkannt hat, wobey mir auch eine Anstellung blühen könnte. Sie werden aus meinem letzten Brief entnehmen können, welche Schwierigkeiten meinem Verkauf wegen dem erwähnten Geldmangel im Wege stehen; die Versteigerung muß wegen der ausgedehnten Zerstreutheit der

---
8 Code Napoleon.

## 6. Brief

Farmen 3 Monate wenigstens vorher bekannt gemacht werden; wenigstens 6 Monate Credit muß in der Bekanntmachung annonciert werden, sonst wird gar nicht viel aus der Sache; nun muß ich vor allem einen Mann suchen, der mir gegen 20, vielleicht 30% Profit jetzt schon verspricht, das bare Geld für die Schuldscheine sogleich nach der Versteigerung auszuzahlen, denn sonst müßte ich die 6-monatige Creditzeit hier aushalten und hätte dann noch Gott weiß wie lang mit Ausklagen zu thun. Der letzte Punkt wegen dem guten 30%-Mann macht mir am meisten Anliegen; ich selbst darf nicht darnach reiten, weil einem die Sonne sogleich das Fieber bringt und mein Nachbar Roth hat schon mehrere Metzgerritte danach gethan; so wie es nun kühler wird, mache ich mich im frühen Morgen selbst an das Geschäft. Sie sehen hieraus, daß ich vor kommendem Juni auf keinen Fall kommen kann, denn sollte auch alles schneller, als ich erwarte, von Statten gehen, so kann und werde ich nicht vor April in Baltimore absegeln, weil man winters auf der See, wo weder Ofen noch Feuer ist, nicht gut existieren kann. Haben Sie noch nothwendig mir zu schreiben, so müßte dies schnell geschehen, wenn ich auch binnen 3 bis 4 Monaten schon von hier wegkommen sollte, so hinterlasse ich hier, wo ich mich in Ohio oder Pensilvanien aufhalte; damit man mir die Briefe nachsende.

In Baltimore gehe ich auf jeden Fall zu Schiff, wo ich jeden Brief von Ihnen postr(estante) antreffen werde; von da aus schreibe ich auch noch einmal. Wenn ich wieder bey den Meinigen bin, werde ich die deutschen Unannehmlichkeiten über dem Ungemach, das ich hier erlebte, schon vergessen und den Anblick der Bettelleute damit ertragen, daß ich mir in das Gedächtnis zurückrufe, wie oft ich auch nichts zu essen gehabt habe. Adam Kreis, der ebenfalls sehr an seiner Familie hängt, reist mit mir, was mir sehr lieb ist, denn so kann ich im Zwischendeck reisen, wo wir uns selbst verproviantieren und viel wohlfeiler reisen, auch ist mir die Gesellschaft dieses treuen redlichen Menschen nicht zu bezahlen. Krücks Sachen verkaufe ich natürlich auch und lege ihm Rechnung ab. Nun leben Sie wohl, liebe Eltern und Geschwister; meine confuse und wirre Schreiberey müssen Sie der Fieberschwache zuschreiben. Wenn Ihnen der Brief nur halb so viel Freude macht als mir, so läßt die Mutter das zu erstickende Kalb beizeiten anbinden. Meine Sehnsucht ist größer als mit Worten zu beschreiben. Welch veränderte Gefühle der Nachhausreise gegen das Halberstorbene.

Tausend und abertausend Küsse den Eltern, Geschwistern und ...

# 7. Brief

Okt. 1834

Liebe Eltern und Geschwister! Am 13. d.M. erhielt ich Karls Brief vom 24. Juni und war nicht wenig überrascht, weil ich mir die Veranlassung desselben nicht denken konnte. Den ganzen Wirrwarr veranlaßte der über 5 Monate verzögerte Lauf Ihres ersten Briefes vom 24. Nov. vorJahres, was Sie aus meinem großen Brief vom Mai d.J., wenn Sie denselben erhalten haben, wissen werden. Gesetzt aber auch, dieser Brief ist so lange gelaufen wie der Ihrige oder ist gar verloren gegangen, so werden Sie meinen kleinen Brief vom August d.J. doch erhalten haben, in welchem ich Ihren sehnlichen, aber meinen weit sehnlicheren Entschluß kund gab, daß ich die nächsten Frühkirschen mit Ihnen essen werde, wenn ich die Reise glücklich bestehe; in diesem meinem letzten Brief habe ich ebenfalls erwähnt, daß ich eine Versteigerung aller meiner Sachen bekannt machen und womöglich einen Mann suchen würde, welcher mir für Quittungen, die ich bei meiner Versteigerung von dem geldarmen Volk statt Bargeld annehmen müßte, unter Abzug gewisser Prozente, und wenn es auch starke wären, bares Geld bezahlte; einen solchen Mann konnte ich trotz aller angewandten Mühe nicht bekommen; und so ging ich daran, meine Versteigerung bekanntzumachen, was hier mittels Aushang an die frequentesten Häuser geschieht; ich kam 14 Tage bei anhaltendem Fieber nicht vom Pferd, weil ich in alle Gegenden die Zettel ausreiten mußte, wenn ich mir nicht selbst später Saumseligkeits-Vorwürfe machen wollte. Ich hatte gerechte Hoffnung, meine Versteigerung würde gut werden, weil mir jedermann sagte, er werde kommen. Am 15. demselben Tag, an welchem ich Karls Brief durch meinen Nachbarn Roth überbracht bekam, hielt ich dann die Versteigerung ab, allein es ist eine Schande, daß ich den Erfolg derselben nur schreiben muß: es waren höchstens 15 Steigerer da, die mit Ausnahme von zweien keine 10 Taler zusammen im Sack hatten. Es waren gerade diejenigen, deren Anwesenheit ich gar nicht wünschte; und die Männer, auf welche ich gerechnet hatte, kamen samt und sonders nicht. Ich machte mit Krücks Handwerkszeug den Anfang; allein ich mußte es selbst wieder an mich steigern, weil ein Schandgebot darauf geschah. Das Resultat ist, daß ich alle meine Sachen noch habe. Ob Geldarmut allein oder das Mißfallen an meinem Weggehen die Ursache an dieser mißlungenen Versteigerung war, weiß ich nicht. Einige haben mich schon mit großer Freude gefragt, ob ich nun hierbliebe; als ich ihnen aber

# 7. Brief

sagte, ich ginge doch bis Frühjahr, und wenn ich alle meine Sachen im Stich lassen müßte, wunderten sie sich sehr. Mir bleibt nun nichts übrig, als aus der Hand zu verkaufen, was ich kann, und das Übrige meinen Landsleuten zu schenken. Welche großen Geschäfte ich somit machen werde, ist nicht vorauszusehen, wenn man bedenkt, wie schwer es hält, etwas anzubringen, was man anbieten muß. Machen Sie sich nicht mehr Kummer über die Sache als ich selbst und lassen Sie mich gehen; ich werde mich schon durchzappeln besonders wenn ich gesund bleibe. Ich habe nämlich das Fieber, welches mich über 4 Monate in den Krallen hatte, nun seit 14 Tagen verloren; allein ich wünschte doch nicht, daß Sie mich gerade jetzt sähen.

Ich habe schon vorhin erwähnt, daß mich Karls Brief unangenehm überraschte. Ich dachte mir alle möglichen Veranlassungen dazu und konnte mir keine günstige für mich denken, als die einzige, welche es denn auch, Gott Lob!, war. Ich hatte nicht Herz genug, ihn vor der soeben beginnenden Versteigerung zu erbrechen, ich behielt ihn im Sack bis abends, wo alles fertig war und ich allein in den Wald gehen konnte. Meine Freude war unbeschreiblich, die mir der Inhalt des Briefs gewährte, und er heilte die große Versteigerungswunde völlig, welche ohnehin nicht so groß war, da den ganzen Tag meine Gedanken mit dem möglichen Inhalt dieses verhängnisvollen Briefes beschäftigt waren.

Die Todesnachrichten so vieler geliebter Verwandten und Freunde schmerzen mich, besonders der der Tante Reidel. Warum sollte er es auch nicht: sie liebte mich ja gleich einer Mutter. Hahn wird seinen Verlust kaum ertragen können. Im Übrigen bin ich mit dem Inhalt des Briefes sehr zufrieden mit Ausnahme der Emser Badereise; die will mir gar nicht zusagen.

Der Zustand meiner Schwester Lotte wird sich doch nicht verschlimmert haben? Daß Sie, liebe Mutter, und Heinrich diese Reise als Zerstreuung mitmachten, will ich mir gerne weismachen, denn Sie werden beide derselben bedürfen; und dann an der Gesundheit unserer Schwester Louise[9] könnte ich nicht zweifeln, auch wenn ich noch einmal so fern wäre.

Mein Plan über mein zukünftiges Leben zu Haus (wenn ich es erleben sollte) trifft so ziemlich mit dem Ihrigen überein, nur die Mühle fehlt in dem meinigen. Liebe Eltern! Ich erkenne Ihre Güte gegen mich und bin um so mehr darüber gerührt, weil ich einsehe, mit welchem Opfer Sie und meine Geschwister meine Rück-

---
9 Eleonore Luise, verh. m. Stockhausen.

kunft erkaufen wollen; allein ich glaube nicht, daß es ausführbar ist, weil erstlich zur Handhabung einer Mühle viele Kenntnisse gehören, welche sich mehr auf die Betrügereien des Gesindes als auf das Handwerk selbst beziehen und was nur durch eine Reihe von Jahren und von Jugend auf herausgefunden werden kann, wenn man es nicht mit schwerem Lehrgeld erkaufen will. Sodann kommen hier noch allerlei Verhältnisse in Betracht, über die wir mündlich nur sprechen können. Ich gehe, reite und sitze fast nie ohne mein Landrecht und hoffe auf diese Art dasselbe so in den Kopf zu bekommen, daß ich als Advokat bestehen kann, wenn ich auch noch einiges Praktische in Deutschland selbst lernen muß; ich hoffe auf diese Art auch in der Nähe der Meinigen leben zu können.

Sonderbar ist es, daß ich mit meinen Leuten den Tag vor der Ankunft des Briefes von den Vorteilen der bewußten Mühle vor den Anderen sprach.

Die Nachricht, daß Seith[10] nach Lindenfels versetzt ist, freute mich sehr; ich verspreche mir viel Angenehmes hiervon in Zukunft. Daß Stockhausens nun in Michelstadt sind, ist mir auch lieber, wenn dies auch die Eilwagen-Route nicht ist; denn ich muß sagen, Langen war mit

---
10 muß heißen Seyd = 2. Mann seiner Schwester Johannetta.

Abrechnung der Nähe des alten Stockhausen doch ein gar zu prosaischer Ort. Man kann sich ja nichts herrlicher denken als Michelstadts und Eberbachs Umgebung im Sommer; und winters muß man in Langen wie in Michelstadt mit der Nase im Zimmer bleiben und sieht dabei in Langen nichts als Himmel und hat nur den Genuß, daß man Gutwägen[11] und Chaisen rasseln hört; mit einem Wort, ich besuche sie lieber in Michelstadt als in Langen, das allein ist ja schon von pekuniärem Vorteil für sie.

Heinrich Heintze schreibt mir, daß nun Krück fest entschlossen sei, bis kommendes Frühjahr hierher zu kommen. Dies verrückte mir das Konzept förmlich, und ich war ordentlich froh, daß ich sein Handwerkszeug wieder an mich gesteigert hatte. Adam Kreis wurde dadurch auch unentschlossen, ob er mit mir hinausgehen oder wegen Krück hier bleiben solle; nach langem Hin und Her kam er doch wieder auf seinen ersten Entschluß zurück, weil er der Festigkeit von Krücks Entschluß kein Zutrauen schenkte; mir selbst wäre es weit lieber, wenn er hier bliebe, denn ich könnte keinem Menschen Krücks Sachen bis zu dessen Ankunft besser übergeben, und dabei könnte er die Gegenstände, welche ich zurücklassen muß, ganz in Muße nach und nach an den Mann bringen und mich

---

11 Postkutschen zur Güterbeförderung.

dafür in Deutschland anweisen. Es ist immer noch möglich, daß er hierbleibt, allein ich rate ihm weder zu diesem noch zu jenem, dies ist das beste bei Leuten, die so wankelmütig sind.

Ich werde dann Knapps oder einem anderen Deutschen Krücks Sachen übergeben, werde über die Hauptgegenstände mehrere Verzeichnisse machen, welche ich mir von dem Empfänger unterzeichnen lasse und Krück zuzustellen versuche. Eines davon wird er sicherlich erhalten. Das einzige, was von Krücks Sachen auf der Versteigerung schon weggegangen ist, ist sein Federbett und ein Kopfkissen für 17 Taler; auch ein Paar Stiefel, wenn sie geholt werden. Heintze schreibt mir auch, Bangerts seien schon Anfang Juni in Weinheim abgereist und willens, hierher zu uns zu kommen; ich habe in der Zeitung gelesen, daß am 31. Juli 700 Deutsche in Baltimore angekommen seien; ohne Zweifel sind sie dabeigewesen, allein bis jetzt noch nicht hier angekommen, werden auch nicht kommen, denn die Reise von Baltimore hierher beträgt 1300-1400 engl. Meilen, ist beschwerlich und kostspielig, wenn man Familie und viel Gepäck hat. Daß Keller bei Karl ist, freut mich; er hätte niemand bekommen können, der ihm so schön zu Haus bleibt und dabei die sonstigen Qualitäten eines Postsekretärs hat, wie er; die Nachricht war mir nur so überraschend, da ich wußte, was er H. und S. war. Die arme Nase dauert mich, daß sie ihre Frau schon verloren hat, ich hoffe jedoch, er wird in Ihrem Sprichwort, liebe Mutter, Trost finden. Mit dem Weinschicken ist es nun nichts mehr; ich hoffe, ich werde ihn draußen trinken; allein verdorben wäre er nicht, ich habe ja die Probe gemacht.

Hier gibt es im ganzen nie etwas Neues, und die Bemerkungen, welche ich seit meinem letzten Brief machte, werde ich mündlich vortragen. Der alte Knapp ist am 23. Juli gestorben; er tat mir recht leid, denn er war ein sehr braver Mann. Wir mußten ihn selbst begraben, wie es hier nicht anders ist. Dieser Mann war nichts weniger als dumm, allein wenn er krank war, war er eigensinniger als ein Kind. Vorigen Sommer, als er das Fieber hatte, wollte er immer in kühlem Wasser baden, allein wir hatten auf der Escheles-Plantage kein Wasser, und so begnügte er sich damit, kaltes Wasser, welches er zum Trinken verlangte, über Kopf und Brust zu gießen.

Er bekam einen Ausschlag über das ganze Gesicht, als er genas. Dieses Jahr suchte ihn gleich uns allen das Fieber wieder heim. Wenn er Hitze hatte, legte er sich unter Pfirsichbäume in das Gras und ging sogar einen Tag, bevor er starb, an die kühle Quelle und badete sich in der

## 7. Brief

höchsten Fieberhitze. Er soll sich den Morgen vor seinem Tod, wo ich ihn noch um 10 Uhr besuchte, über Schmerzen im Leib beklagt haben, obwohl er mir nichts davon sagte. Um 1 Uhr riefen mich Knapps schon, und als ich ankam, lag er in den letzten Zügen. Er hätte sich auf diese Weise auch in Deutschland den Tod geholt.

Es tut mir nicht im mindesten leid, von hier wegzugehen; auch all mein Vieh ist mir gleichgültig. Nur das Maultier schmerzt mich zu verkaufen, weil es so sehr an mich gewöhnt ist. Mein Reitpferd wünschte ich nur insofern in Deutschland zu haben, weil es so gut ist, daß ich glaube, es ist und war das Beste, was ich je unter mir gehabt habe und noch unter mich bekommen werde. Welchen Weg ich durch Europa nach Haus einschlage, möchten Sie wohl gerne wissen? Allein das sage ich nicht, weil ich Sie doch gerne ein wenig überraschen möchte, auch kann sich dies nach Umständen verändern, verändert sich ja alles so leicht dahier. Zu Baltimore denke ich in See zu gehen, und ich werde von da aus auch noch einmal schreiben. Jeden allenfallsigen Brief werde ich auch nur dort erwarten. Leben Sie nun wohl, liebe Eltern, Geschwister und Tanten und seien Sie überzeugt, daß ich, wenn ich auch hier nicht jedes einzeln erwähne, umso mehr an jedes denke. Die in meinem vorigen Brief erwähnte Rechnung des Herrn Lindner in New Orleans beträgt 181 Thlr, 32 Cents; er rechnet hierfür 479 Gulden 32 c.

Wenn ich den Dollar zu 2 f. 30 c rechne, so kommen nur 453 f. und einige Kreuzer heraus. Er rechnet daher 26 Gulden mehr. Heintze muß hierüber Aufklärung geben können.

Leben Sie nun wohl und behalten Sie mich lieb.

Wilhelm

## 8. Brief

Little Mamelle d. 5. Mai – Juni 1835,

Meine Geliebten! Ich weiß selbst nicht, wie mir ist, wenn ich an die Pläne des letzten Herbstes denke; damals träumte ich, im Juni bald zu Haus zu sein; es wird bald Juni sein – ich bin immernoch hier und werde geraume Zeit noch hierbleiben müssen. Der Gedanke, Sie könnten meinen Brief vom März nicht erhalten haben, ängstigt mich Tag und Nacht; ich zeigte Ihnen darin nur kurz an, daß ich wegen der Geldarmetei noch nicht habe flott werden können und vertröstete Sie auf einen bald nachfolgenden längeren Brief hinsichtlich der Vorlage meiner nunmehr einzuschlagenden Wege und Pläne. Gegenwärtiges soll diesen versprochenen Brief vorstellen. Die Ursache, warum er erst 2 Monate später kommt, ist, weil ich meine Angelegenheiten für den längeren Aufenthalt dahier noch nicht bestimmt fixiert hatte und ich Ihnen doch etwas Gewisses über meine gegenwärtigen und zukünftigen häuslichen Einrichtungen muß sagen können, wenn der Brief seinen Zweck erfüllen soll. Auch, ich muß es gestehen, kam mich das Schreiben diesmal sehr hart an, ohne daß ich mir trotz des strengsten Selbstexamens einen Grund dazu denken kann. Es mag sein, daß mir die Inkonsequenz des zu fertigenden Inhalts mit den vorigen Briefen, worin die Abreise schon so fest war, nicht in den Kopf wollte? Eine sehr große Schuld davon kann ich auch den sehr vielen Geschäften zur Last schreiben, die ich zwar weniger für mich selbst als für Sandherr zu besorgen hatte.

Wie ich letzthin bemerkt habe, muß ich hauptsächlich mein Streben dahin richten, meine Gerätschaften, wenn es nicht für Geld möglich ist, doch wenigstens für Vieh und umzusetzen, was sich, solange ich noch hier sein muß, selbst benutzen und dann immerhin besser, namentlich aber an einwandernde Deutsche absetzen kann. Ich habe in diesem Sinne auch schon einige ziemlich gute Versuche gemacht.

Es ist möglich, daß ich Ihnen schon geschrieben habe, daß Knapps Mädchen, welche nach der Berbel Lippert bei mir war, nach dem Tode ihres Vaters nach Hause ging, weil sie unter uns allen am längsten und härtesten vom Fieber mitgenommen wurde. Lippert blieb zwar bei mir, weil er glaubte, alle meine Sachen zu erben, wenn ich fortginge, allein dieser vorher so grobe, in diesem Wahn aber so kriecherische Mensch wurde mir endlich auch hierdurch noch so zuwider, daß ich ihn selbst fortspedierte, ihn aber nichtsdestoweniger ganz in der Güte in die

Stadt brachte und ausstattete, wie es in meinen Kräften stand. Adam war von jetzt allein noch mein Gefährte und besorgte, da den Winter über sonst nichts zu tun war, das Hauswesen so säuberlich wie nur immer eine Frauensperson kann. Wenn wir schlachteten oder sonst der Hilfe bedurften, so stand uns Knapps ältester Sohn zu Gebot. Wir schlachteten diesen Winter 2 Ochsen und 5 Schweine.

Da nun mein jetziger Aufenthalt dahier sehr provisorisch ist, so würde ich mich in kein großes Geschäft eingelassen haben, allein da Adam doch auch etwas ernten muß und dafür mein eigenes Plantäschchen zu wenig klares Land hat, so war ich genötigt, die große Plantage bei meiner Wohnung auch dieses Jahr wiederum und zwar für 20 Thaler zu pachten. Dies ist nun natürlich für 2 Mann Arbeit; und da ich selbst, um gesund zu bleiben und meine Zeit aufs Studieren verwenden zu können, beschlossen hatte, nicht zu arbeiten diesen Sommer, so mußte ich mich nach einem Helfer für einen anderen Teil der Ernte umsehen, den ich auch das Glück hatte, in der sehr leidlichen Person des Schwagers von Sandherr zu finden; allein leider konnte dieser bloß einpflanzen helfen und war den 1. Mai schon genötigt, dem unterdessen langwierig erkrankten Schwager Sandherr unter die Arme zu greifen. Jedes wird sehr begreiflich finden, daß unter solch gestalteten Umständen ohne ein weibliches Wesen nicht mehr durchzumachen war.

Ich gab mir alle Mühe, eine sehr gutmütige und gebildete alte Pfarrerswitwe, welche in unserer Gesellschaft die Überfahrt gemacht und seither in dem Hause ihres Schwagers unwürdig behandelt worden ist, zu mir zu persuadieren, welches Bestreben zu unterstützen ich für sie ein eigenes Häuschen hatte erbauen lassen. Diese Frau war sehr froh, aus dem Hause ihrer Schwester kommen zu können und wäre mit Freude zu mir gegangen, da wir schon auf der Reise einander in Affektion genommen hatten, allein da sie zur gleichen Zeit einen Heiratsantrag von einem alten braven Amerikaner erhielt, zog sie diese Gelegenheit, ein Unterkommen zu finden, vor, da meine beabsichtigte Wegreise die Gelegenheit bei mir sehr unbeständig machte. sie lebt nun nicht weit von mir als meine Freundin und war gefällig, mir für ein Mädchen zu sorgen, wofür ich ihr sehr dankbar bin, da ich mit dem Mädchen sehr zufrieden bin. Dieses Mädchen kam erst im Dezember vorigen Jahres mit einigen Kurhessen hier an und kann mir nun durch ihre Hilfe beim Welschkornbauen recht nützlich werden, wenn sie gesund bleibt, denn sie ist von Jugend auf derlei Arbeit gewohnt gewesen. Ich habe sie für 3 Monate genommen, wofür ich demjenigen, der sie mit hierher nahm, 15 Thlr. an Vieh gebe; in der Folge muß ich ihr jeden Monat 5 Thlr. geben, wenn ich sie länger behalten will. Dies ist hier viel und wenig, da in der Stadt der Lohn 7 Thlr. ist, allein nebst der Gefahr, nach geleistetem Dienst geprellt zu werden, auch das in meinem vorigen Brief erwähnte Krankwerden regelmäßig zu befürchten ist. Bei dessen Eintreten werden dem Dienenden sogleich 2 Thlr. Alles dies steht dem Mädchen bei mir nicht bevor, da an Kostgeld nicht zu denken ist und ich auch im Besitz der erforderlichen Arzneien bin. Der Vorsatz derselben ist, so viel Geld zu verdienen, daß sie wieder zu ihrer Familie nach Pennsylvanien zurückreisen kann, um dort dem besagten Kurhessen seine Auslagen zu erstatten; ohne ihn hätte ihr unglücklicher Vater sie wegen Abgang des Passagegeldes in Bremen zurücklassen müssen.

Es wird dieses Jahr dahier sehr viel Baumwolle gebaut, wenn das so späte Frühjahr nicht Hindernisse in den Weg gelegt hat. Es ist deshalb und auch wegen eines für diesen Herbst bestimmten großen Indianertransports, sowie wegen der in den alten Staaten eingetretenen Missernte darauf zu schließen, daß das Welschkorn einen hohen Preis bekommen wird. Was die Ursache der Mißernte in den Staaten Ohio, Kentucky, Pensylvanien usw. ist, weiß ich nicht; es gerieten daselbst, wie übrigens auch hier, gar keine Äpfel. Das Malter Mehl soll daselbst 5-6 Thlr. kosten, wo seither der Preis nur 2 Thlr. war; und nach diesem Verhältnis sollen alle übrigen Erzeugnisse und Preise sein. Wenn hier viel Baumwolle gepflanzt wird, ist dies der Weg, Geld in das Territorium zu bringen; allein bis jetzt ist nur mit Schweinen etwas zu machen. Man glaubt nicht, was dieses Vieh immer gesucht ist; wenn man aber sieht, daß Jahr aus und Jahr ein nichts als Schweinefleisch gegessen wird, so ist es sehr begreiflich. Wenn ich hier bliebe, wäre darauf auch mein einziges Streben gerichtet, was mir jetzt nicht mehr schwer fiele, weil ich bis Weihnachten außer meinen Schlachtschweinen 13 Loosen[12] mit Jungen haben werde. Jedes Schwein macht hier mit 2½ Jahren schon Junge; und wenn es den rechten Weg geht, jede 16 Monate dreimal; man sieht daher leicht ein, wie sich dieses Zeug vermehrt und auch Geld bringen muß, da der Zentner frisch in die Stadt getrieben oder wohin immer 3-4 Thlr gibt. Da ich nun gerade an den Schweinen bin, so mochten Sie es vielleicht gerne hören, wenn ich auch ausführlich darüber berichte....

Die meisten Amerikaner sehen bei der Schweinezucht auf Gegenden von ausgedehntem Bo-

---
12 Weibliches Schwein, das zur Zucht benutzt wurde.

denland, weil an solchen fetten Orten keine Tannen sondern meistens Eichen wachsen, welche so viele Eicheln abwerfen, daß die Schweine in jeder Jahreszeit im Übermaß finden und nicht allein immer fett sind, sondern auch weit schneller und größer wachsen, als in Gegenden, wo wenig Eichbäume sind, wie es der Fall da ist, wo ich wohne. Derartige fette tiefliegende Talebenen sind aber fast immer mit Überschwemmungen heimgesucht und auch ohnedies für Ansiedlungen zu sumpfig und ungesund, deshalb sind sie menschenleer und umso mehr der Aufenthalt von Bären, Panthern, Luxen, Wölfen u.dergl., welche die sich immer tiefer verlaufenden Schweine sehr schnell wegputzen. Ein Mann, der eine gute Anzahl Schweine in einer solchen Gegend herumlaufen hat, hat fast jeden Tag sein einziges Geschäft, den Schweinen in diesen mit Rohr bewachsenen und Pfützen übersäten Wildnissen nachzusehen; sie alle jede Nacht zum Nachhausekommen zu gewöhnen, ist nicht leicht möglich, weil sie nicht hungrig sind und sich im Futtersuchen zu weit vom Haus entfernen. Wenn einige von der Herde verwildern und gar nicht mehr nach Haus kommen, so machen sie nach und nach die anderen auch wild. Ich half letzten Winter einem nahe wohnenden, ich kann sagen guten Freund, einem pensylvanischen Deutschen namens Roland eine ganze Portion seiner wilden

Schweine alt und jung fern in der Wildnis totschießen, welche er meistens liegen ließ. Sie können hieraus wiederum sehen, wie mühevoll es ist, Geld zu erwerben, auch wenn man die Sachen hat; denn Roland ist ein sehr betriebsamer Mann. Aus diesen Gründen möchte ich einen Platz wie der meinige für geeigneter zur Schweinezucht halten.

Die Schweine verlaufen sich nicht leicht, weil nur im Tal Eichbäume wachsen und auf den angrenzenden Hügeln und Bergen nichts als Tannen. Im September und Oktober sind immerhin so viele Eicheln da, daß die Schweine fett davon werden; und die Schlachtzeit grenzt nahe an diese Monate.

Es hält sich in solchen Gegenden wenig Raubzeug auf, und die Schweine haben keine Veranlassung, sich über eine halbe Stunde Wegs vom Haus zu entfernen. Man hat freilich den Nachteil, daß im Winter an Frost- und Schneetagen, sowie im August, wo das Gras etwas welk und allenfalls Loosen mit Jungen da sind, notdürftig gefüttert werden muß; auch oft 2-3 Wochen vor dem Schlachten muß man sie mästen, wenn gerade ein schlechtes Eicheljahr ist. Ein Nachbar von mir war anderer Meinung und brachte seine 3 Loosen mit 21 Jungen letzten Winter in den 4 Meilen entfernten Boden.

## 8. Brief

Die 3 Alten kamen vor einigen Wochen mit einem einzigen Jungen wieder zurück, während ich bis jetzt nicht eines der meinigen verloren habe.

Ich habe vielleicht die ganz falsche Überzeugung, mich über einzelne Verhältnisse, die ich gerade ganz genau weiß, so ausführlich auslassen zu müssen, allein ich betrachte Sie von dem Standpunkt aus, wo *ich* stand, ehe ich hier war. Fühlen werden Sie gewiß immer mehr, wie schwer einem Einwanderer, der von hier nichts Praktisches weiß, das Aufkommen dahier wird, selbst wenn er Mittel in Händen hat.

Die Rindviehzucht wird wenig durch Raubtiere gestört. Nur ganz junge Kälber, welche zeitweise von der grasenden Alten verlassen werden, sind Gefahr ausgesetzt. Das Rindfleisch hat keinen so sicheren Absatz.

Nun komme ich zu einem Thema, über das ich mich sehr zu beklagen habe, es heißt Klima. Der letzte Sommer war weniger heiß als unerträglich schwül, was von den fast täglichen Gewittern herkam, die wir den vorhergehenden Sommer nicht gehabt haben. Man tröstete uns wieder mit der Versicherung des vorhergehenden Sommers, daß es ausnahmsweise warm sei. Es hat sich abermals gezeigt, daß die Hitze in Missouri und den nördlichen Gegenden weit größer war; in New York und Baltimore sind ja die Leute auf der Straße umgefallen und waren tot, was Sie ohne Zweifel in den Zeitungen werden gelesen haben. Dagegen stieg die Hitze in Neu Orleans nicht höher als hier, wie mir ein dahiesiger Deutscher, der sich den Sommer über dort aufgehalten hat, erzählte. Der Wind kam immer von Süden bis gegen Ende September, was im ersten Sommer nicht der Fall gewesen war, daher die unerträgliche Schwüle. Den 19. und 20. Okt. hatten wir wiederum auch dieses Jahr so starken Frost, daß es auf den Wassergefäßen halb kleinfingerdickes Eis hatte (alles Ausnahmen, wie man sagt). Den Dezember über herrschte ein helles Winterwetter, jeden Morgen geringer Frost. Im Jan. war es nicht nur nicht kalt, sondern wir hatten sogar unerträglich warme Tage. Nach Verlauf dieses Monats waren wir schon der Meinung, einen recht angenehmen gelinden Winter überstanden zu haben, da begann mit dem Februar eine Kälte, wie sie in Deutschland gewöhnlich ist. Damit aber ja niemand glaubt, daß wir Verzärtelte es für kälter gehalten haben, als es wirklich war, so bemerke ich, daß die sehr lebhafte, an meinem Hause vorbeifließende kleine Mamelle größtenteils zugefroren war und ich selbst über das Eis still stehender Gewässer geritten bin. So dauerte die Kälte ununterbrochen fort bis an den An-

## 8. Brief

fang März. Im Missouri und der Nachbarschaft sollen Menschen erfroren sein und alle Geschäfte gestockt haben. Pferde und Rindvieh krepierten, denn es ist sehr begreiflich, daß so lange Zeit das Vieh ohne Stall und Futter nicht bestehen kann. Es soll allenthalben in den Nordstaaten eine große Teuerung sein, was sich natürlich auch auf New Orleans ausdehnt. Das Malter Weizenmehl, welches in Ohio gewöhnlich 2-3 Thlr. im Ankauf kostet, soll jetzt 5-6 Thlr. kosten. Wodurch diese Teuerung veranlaßt wurde, weiß ich nicht bestimmt. Ohne Zweifel war die große Kälte schuld. Im Herbst schon hatte ich mir einen ganz warmen Stall zurechtgemacht, worüber mancher Amerikaner vor Eintritt der Kälte lächelte. Während der Kälte hat sich aber mancher ein so warmes Haus zu haben gewünscht. Nach allen Nachrichten, die ich bis jetzt über die Vereinigten Staaten habe, ist das Klima in allen derselben äußerst abwechselnd und unleidlich mit Ausnahme von Texas und dem Territorium Florida, wo es winters keinen Frost und sommers keine so grelle Hitze haben soll und das Klima überhaupt rein tropisch sei. Dieser Zustand rührt bei beiden Ländern von der nahen See und der flachen Lage her, weshalb dort immer ein kleiner Luftzug spielt. Texas wäre das Land nicht, wo ich leben möchte, weil daselbst das Leben und Eigentum nur durch eine zahlreiche Gesellschaft gegen die Indianer und spanische Räuberhorden bis jetzt geschützt werden kann; allein nach Florida würde ich ohne Weiteres aufbrechen, wenn sich meine Verhältnisse dazu eigneten. Die südliche Halbinsel Floridas ist bedeutend mit Sümpfen angefüllt, was diesen Teil des Landes sehr ungesund macht und was bei einiger Unkenntnis dem ganzen Florida den Ruf des Ungesunden gegeben haben mag. Der nördliche und namentlich hiervon westliche Teil ist zwar flach und größtenteils arm an fruchtbarem Boden, allein nach dem Ausspruch der meisten daselbst bekannten Amerikaner und auch einiger Deutscher, die dort schon gelebt haben, sehr gesund. Zucker, Baumwolle und Reis wird hier vorzugsweise gebaut.

Die Verbindung zwischen der Seestadt St. Augustin am atl. Ozean und den Handelsstädten am mexik. Meerbusen ist sehr lebhaft und durch Eisenbahnen befördert; in Betracht dieser beiden Punkte kann es hier nicht wohl an Geld und einem sicheren Absatz der Landesprodukte fehlen, auch fremde Artikel; franz. Wein u.dergl. ist in diesen Seestädten wohlfeiler als in N.Orleans. Es gedeihen daselbst alle Arten von Südfrüchten. Wenn man annimmt, daß von den Ver. Staaten schon Jahre lang ein Kanal durch Florida projektiert ist, um die gefährliche Passage um die mit Inseln besäte Landzunge zu umge-

## 8. Brief

hen, so kann man sich denken, daß hier, wo einstweilen Eisenbahnen den Kanal ersetzen, an merkantilischen Vorteilen kein Mangel ist. Die ganz naheliegende Frage: warum geht ihr nicht dahin? setzte ich allen denen, die mir diese Schilderungen machten, entgegen. Einige, und zwar Staatsbeamte, erklärten, sie wären durch ihren Dienst in andere Staaten gebannt, andere aber sagten, ohne Neger könne in Florida kein Farmer bestehen, weil daselbst lauter reiche Leute wohnten; auch ist mit der Viehzucht, dem Lieblingserwerb der Unbemittelten, dort nicht viel, Schweine dürfen gar nicht herumlaufen, weil die gesetzlich vorgeschriebenen Einzäunungen nicht gegen deren Eindringen schützen. Ein guter Neger kann 9-10 Morgen Zucker bauen, wovon der Morgen 70-100 Thlr. einträgt.

Es ist kaum nötig zu bemerken, daß ich alles dies von anderen, wenngleich mitunter glaubhaften Personen gehört oder aus Büchern gelesen habe, was immer noch nicht selbst versucht ist.

Es wird nun auf einmal hier angefangen, die Kriminaljustiz zu handhaben. Am 16. Mai hängten sie zu Littlerock einen, der einen anderen totgeschossen hatte. 3-4 andere sitzen bis zur nächsten Court. Diese Court ist jedes halbe Jahr, wo dann alle bis dann angehäuften Prozesse erledigt werden sollen. Die Delinquenten werden bis zur nächsten, dem Verbrechen folgenden Court im Gefängnis aufgehoben. Die Court selbst macht nach Anhören der Geschworenen unter Vorsitz des Richters den Zopf im Nu herunter, und 2 Tage danach wird das Urteil exequiert; nur in gesetzl. bestimmten Fällen muß dasselbe das Begnadigungsrecht des Präsidenten passiert haben. Bei alldem ist der Delinquent der Mister N.N., bis er hängt. Leben Sie wohl und behalten Sie mich in gewünschtem Andenken. Ihr W. Hübsch

Liebe Eltern! Sie werden in dem beiliegenden Brief finden, wie es jetzt im Allgemeinen um mich steht; ich habe jedoch im Besonderen manche Licht- und Schattenseiten hervorzuheben und so allerlei das Herz Drückendes zu äußern, was ich nur meinen lieben Eltern und wem es diese weitersagen wollen, anvertrauen mag. Wenn ich mir recht lebhaft vor Augen stelle, wo ich bin und wie ich hier bin, so wird es ganz wirr in meinem Kopf. Arbeit und Entbehrung, wie Sie sie jetzt hinlänglich alle kennen, wollte ich ja gerne gegen meine ehemaligen Verhältnisse aufwiegen lassen, wenn nur der Umgang mit den Meinigen mir nicht entzogen wäre. Ich bin nun etwas über 2 Jahre hier, es kommt mir vor, als waren es schon 10 Jahre. Es erfordert oft große Überwindung, daß mich die

## 8. Brief

Sehnsucht nach Ihnen nicht zu Ungerechtigkeit gegen meine jetzigen Verhältnisse verleitet, wenn ich dieselben mit der Lage vergleiche, welche ich in Deutschland verließ und ohne Zweifel wiederfinden werde. Alles dieses richtet mein Dichten, Trachten und einziges Denken auf den alleinigen Punkt, auf welche redliche Art ich nur Einiges erringen kann um bei meiner einstigen Rückkunft die Gegenwart der Meinigen ungestört genießen zu können; denn nur das macht mir meinen verlassenen Zustand erträglicher, daß ich mir vor Augen halte, wie zugemessen die Zeit sein würde, welche ich bei Ihnen zubringen könnte, wenn ich meinen Unterhalt lediglich in meinem alten Geschäft suchen muß, wobei ich nebenher noch vieles Bittere habe, was hier wegfällt. Mein einziger und gerechter Trost, daß ich das vorgesteckte Ziel erreichen werde, ist der, daß ich bei geringem Anschlag meiner jetzt besitzenden Sachen nicht nur nicht rückwärts gewirtschaftet habe wie fast alle meine Landsleute, sondern im Gegenteil: ich könnte heute für all mein bisher aufgewendetes Geld dies alles nicht mehr kaufen. Ich hatte geglaubt, ich könnte mich diesen Sommer aller Arbeit entziehen, allein das Schicksal hat es anders bestimmt, ich mußte im Mai anfangen, anhaltend zu arbeiten, was umso empfindlicher ist, weil vorher das Wetter zum Arbeiten geeigneter war; allein es gilt jetzt; und ich muß mit aller mir zu Gebot stehenden Macht angreifen, wenn ich eine ordentliche Ernte machen will. Bis Anfang Juli übrigens ist die Arbeit für mich vorbei. Ich war bisher gesund, und wenn es Gottes Wille ist, bleiben wir diesen Sommer wohl. Ich kann mir denken, daß Ihnen auffallen wird, daß der Schwager Sandherrs zu mir ging und wieder weg, da Sie wissen, welche großen Verdrießlichkeiten ich mit Sandherr hatte. Ich hatte denselben seit unserm Hiersein nicht mehr gesehen. Ende Februar kam er unverhofft in mein Haus; ich war sehr frappiert darüber, behandelte ihn aber, der mir wieder Freundschaft antrug und um Vergessen des Zugefügten bat, sehr höflich, ließ ihn jedoch sein begangenes Unrecht etwas hart fühlen, was mich jetzt reut, da er von allen verlassen sich so innig wiederum an mich anschloß. Mag ihn nun das Bedürfnis nach meinem Rat und Tat zu diesem harten Schritt bewogen haben oder nicht, kurz ich fand wieder einen treuen Freund an ihm und ließ ihm beides nach meinen besten Kräften angedeihen. Ich begleitete ihn nach Haus; und um uns öfter besuchen zu können, fanden wir den kürzesten Weg durch Wald und verwachsene Täler zu seinem Haus heraus, den wir nach einigen Irrfahrten nun recht schön wissen. Er ist nur 13 Meilen, der bekannte Weg dagegen 30. Nach öfterem Zusammensein, fügte es sich, daß sein Schwager zu mir kam, da Sandherr

## 8. Brief

glaubte, seine Farm nun allein bearbeiten zu können. Schon im März kam jedoch, teils durch körperliche Anstrengung, teils durch immerwährende Sorgen über seine Vermögensumstände eine, wie ich glaube, gewisse Auszehrung bei S. zum Ausbruch, woran er schon Mitte Mai starb. Ich kam einige Stunden nach seinem Tod dahin, um ihn wieder zu besuchen, wo mir die Seinigen sagten, er habe mehr als 100 mal meinen Namen genannt. Ich hatte vorher gemeinschaftlich mit ihm die Erhaltung seines Vermögens seinen Kindern durch Vorkehrungen gesichert, was seinen Geist so sehr mit mir verflochten haben mag. Sein alter Vater, der ihn so sehr liebte, wie ich aus Briefen sah, dauert mich, wenn er es erfährt. Zum Verhältnis der schwachen Bevölkerung ist die Sterblichkeit dahier stark. Wie wird es bei Ihnen mit Leben und Gesundheit stehen? Hierüber will ich keine Worte verlieren, denn dieses Papier würde nicht hinreichen für meine Betrachtungen. Ich erwarte es schon gar nicht, daß der nächste Brief von zu Haus endlich einmal meine ängstlichen Ahnungen nicht rechtfertigen wird.

Ich beeile mich, diesen Brief abzusenden, denn die Zeit des Schlusses hat sich durch meine tägliche Feldarbeit mächtig verzögert. Ich werde nun einen neuen Transport Briefe an meine geliebten Geschwister, Tante und Heintze schreiben. Es ist Ihnen vielleicht lieber, wenn Sie öfter Nachricht haben. Adam schreibt an Krück ausführlich. Leben Sie nun wohl, liebe Eltern, Gott gebe, daß ich Sie wiedersehe und behalten Sie lieb.

Ihren Sohn W.

# 9. Brief

Little Mamelle den 27. Dez. 1835

Liebe Eltern!

Heute, am Sonntag nach Weihnachten, welchen Tag wir in Deutschland den 3. Feiertag nannten, sitze ich nieder, um diese Zeilen an Sie zu schreiben. Es wäre eitel, auf diesem kleinen Blättchen nur die Hälfte der Gedanken mitteilen zu wollen, welche sich mit Ihnen, liebe Eltern, und mit meinen lieben Geschwistern teils über die schon dahingeflossenen Weihnachten beschäftigen, teils mit Bildern unterhielten, wie es an der gegenwärtigen Weihnacht bei Ihnen aussehen mag. Auch Neujahr ist nun nicht mehr fern, und ich bitte nur Gott, daß er die Meinigen möge alle so gesund und glücklich erhalten haben, wie Sie sich nach Karls letztem Brief befanden. Ich habe nun fast Gewißheit, bis 1. März von hier abreisen zu können und werde abreisen, wenn ich auch viele von meinen Sachen im Stiche lassen muß.

An den Herrn Rittmeister von Nauendorf habe ich mein Maultier, den Branntweinkessel und einen Karn[13] für 200 sächsische Thlr (Thlr. zu

---

13 Butterfass.

1.28) laut der beiliegenden Anweisung verkauft. Sie werden besser wissen als ich, wie Sie zu diesem Ihrem Geld kommen können. Ich weiß es wohl, daß Sie bloß den guten Willen an diesem, im Verhältnis zu dem mir schon Gegebenen, kleinen Sümmchen sehen können, wie gerne ich mehr zurückerstatten wollte, wenn ich könnte. Wie es mit meiner Farm geht, weiß ich noch nicht. Es kann sein, dieser Rittmeister kauft sie mir auch ab, aber erst ein Jahr von jetzt in Deutschland zahlbar. Vielleicht kann ich sie an einen andern Deutschen verkaufen. Man kann sich denken, daß alles dies spottwohlfeil weggeht, weil ich fort will. Es kann aber auch leicht sein, daß ich die Plantage ganz im Stich lassen muß. Mein Welschkorn muß ich an den Fluß bringen, wo ich mit einem Mann getauscht habe, der das Seine schon in der Stadt liegen hat; allein dies macht mir dennoch ein großes Geschäft. Man darf nur die Wege bedenken. Ich werde mit dem Erlös von meinem Welschkorn recht gut nach N. York od. Baltimore reisen können, woselbst ich für mein Reitpferd schon so viel löse, als erforderlich, um über das Meer zu kommen. Freilich alles unbeschadet zustoßenden Unglücks. Es ist also leicht möglich, daß ich den Kreditbrief gar nicht anzugreifen brauche. Wenn ich manchmal daran denke, daß ich noch gut 2 Monate hier sein will, so wird es mir angst und bange, ich möchte wieder nicht fort-

## 9. Brief

kommen können. Es wird Sie gewiß nicht wundern, wenn mir darüber manchmal Angst ankommt, da ich trotz meines Kämpfens bisher nicht flott werden konnte. Soviel ich mich noch erinnere, habe ich Ihnen am vorigen Mal geschrieben, daß Lippert im Frühjahr in der Stadt krank wurde und seither krank ist. Er war mehrere Male dem Tode nah, und nicht allein all sein im Winter gemachter Verdienst ging darauf, sondern er machte noch Schulden dazu. Es wollte ihn am Ende niemand mehr behalten; und da keine Kasse da ist, woraus solche Leute unterstützt werden, so mußte ich ihn wieder zu mir nehmen, wenn er am Ende nicht auf die Gasse geworfen werden sollte. Es war mir sehr unangenehm, diesen unleidigen Kerl wieder bei mir zu haben, allein ich glaube, er ist durch diese Kur ein wenig besser geworden. Er ist nun wieder ganz gesund bis auf seine schwachen Beine und kann bald wieder in die Stadt gehen und arbeiten. Wenn er sich etwas verdient hat, will er auch von hier weg nach den Nordstaaten. Wir haben jetzt zusammengezählt, daß 25 von hier wieder weggegangen und 27 gestorben sind; es sind nun nicht ganz 50 mehr hier. So sehr wie diesen Winter hat das Fieber noch nie geherrscht, gewöhnlich ist es winters vorbei. Ein jünger Mann namens Schoppach aus Hanau, der zwar nicht mehr mit mir in Heidelberg studiert hat, aber nachher daselbst studierte, ist sehr oft wochenlang bei mir und auch gegenwärtig wieder. Dieser sagte mir, nach einem von Haus erhaltenen Brief habe die Auswanderungslust sehr abgenommen. Dies ist mir ein Zeichen, daß sich die Ruhe wiederhergestellt hat. Ebenso soll es ja wieder einen ausgezeichneten Herbst dieses Jahr gegeben haben. An den alten Sachs habe ich schon oft gedacht; er muß noch leben, sonst wäre es mir geschrieben worden. Tausend Grüße meinen Geschwistern, an die ich nicht geschrieben habe, und der Tante und Onkel in Darmstadt, so wie allen übrigen Verwandten viele Grüße. Dem Keller meinen Gruß und allen im Haus, den H. Pf. Menges nicht zu vergessen. Wenn es Gottes Wille ist, werde ich die große Reise glücklich überstehen und Sie alle noch sehen. Bevor ich von hier weggehe, schreibe ich noch. Leben Sie nun wohl und ....

## 10. Brief

Januar 1836.
10. Brief Liebe Eltern!

Am Silvesterabend habe ich den Brief erhalten, welchen Sie mir, liebe Mutter, Karl, Stehbergers und Heintze so liebevoll zukommen ließen. Am Neujahrstag eröffnete ich denselben, und wahrlich, ich habe noch an keinem Neujahr so viel Freude gehabt, als an dem letzten. Ich brachte schon die Neujahrsnacht sehr froh hin, weil ich diesen Brief nicht mit der bangen Erwartung zu eröffnen gehabt habe wie gewöhnlich; denn Karl hatte mir vorher schon geschrieben gehabt, daß alles wohl sei und sich sogar nicht einmal etwas Unangenehmes in der Familie ereignet habe; dabei hatte auch schon Karl diesen Brief angemeldet gehabt, und ich erwartete nicht, daß sich in so kurzer Zeit etwas Trauriges könne ereignet haben. Mit derselben Gelegenheit, durch welche ich diesen Brief von Little Rock erhielt, hatte ich meinen letzten Brief auf die Post gegeben; und aller Berechnung nach werden Sie meinen vorletzten Brief zu derselben Zeit erhalten haben. Wenn ich nur um Gottes Willen alle so antreffe, wie Sie sich nach dem letzten Brief befinden. Beim ersten Blick glaubte ich, der Vater hätte mir am Ende Ihres Briefes auch einige Zeilen beigefügt; allein bei näherer Betrachtung fand ich, daß alles Ihre Hand war. Es ist auch nur kindische Torheit von mir gewesen, darüber eine solche Freude zu haben, da ich ja weiß, wie lieb uns der Vater alle hat, auch wenn er nicht schreibt und nicht mit uns spricht. In früheren Jahren pflegte es keine gute Vorbedeutung zu sein, wenn ein Brief von seiner Hand kam. Durch Ihren letzten Brief, liebe Eltern, fühle ich noch vollends jede Unannehmlichkeit, die mich noch manchmal bei meinem Entschluß, wieder hinauszukommen, anwandelte, verschwinden. Sie und alle meine Geschwister verschwenden ja Ihr liebevolles Entgegenkommen an mir. Das Fieber werde ich nun verloren haben, allein ich kann es nun auch durchaus nicht mehr brauchen, da ich eine Riesenarbeit vor mir habe, wenn der pekuniäre Verlust nicht zu bedeutend werden soll. Bis März gehe ich jedoch – und wenn ich alles im Stich lassen muß; denn sonst komme ich immer nicht fort. Die eigentliche Veranlassung, warum ich so schnell wieder schreibe, ist, wie Sie sich denken können, die Abrechnung mit Krück. Ich schicke Ihnen den Brief an Krück offen, damit Sie ihn zuerst mit Vergleichung der Rechnung durchgehen können. Sie werden daraus sehen, wie gewissenhaft ich seine Angelegenheiten besorgt habe.

## 10. Brief

Seine Forderung bis jetzt ist auch durchaus nicht so weit über 500 Gulden, daß es mit der Abrechnung nicht noch Zeit gehabt hätte; zudem wollte ich gar nicht, daß er von Ihnen alles erhalte, solange ich noch hoffen konnte, er käme hierher; denn ich hätte ihm an dem Rest des Geldes Vieh und Farm übergeben, statt daß ich alles für ein Spottgeld wegschleudern muß. Ich hätte ihm keinen Großdank dafür gegeben, wenn er es nicht hätte annehmen wollen. Sie wissen so gut wie ich, daß sich oft Menschen ganz verändern, daß brave Leute oft in einigen Jahren schlecht werden, wenn man sie anders auch von Grund auf gekannt hat; dieses könnte auch mit unserem Freund Krück der Fall geworden sein (ich sage „es *könnte*", und dies sage ich nur zu Ihnen). In einem solchen Fall habe ich eine Bermerkung zu machen, welche Sie berücksichtigen können, wenn Sie es für nötig halten. Ich stelle also hier dem Krück eine Rechnung, und zwar schriftlich. Die Einnahmen sind also hier durch meine Urkunde nach L.R.S.1322 (Landrecht Seite) total erwiesen. Wie wäre es, wenn nun Krück in Abrede stellte, daß er mir einen Auftrag gegeben hätte, seine amerikanischen Angelegenheiten zu besorgen? Oder mich wegen dem einen odern anderen Gegenstand, den ich in Gegenrechnung habe, nicht beauftragt hätte? Ich hätte dies zu erweisen. Schriftlich ist unser Auftragsvertrag nicht geschlossen.

Wenn ich auch Zeugen hätte, wäre nach L.R.S 1341 die Summe meiner Gegenrechnung zu groß, um sie damit erweisen zu können. Ich hätte nur zu dem Eid meine Zuflucht. Hat er jedoch auch nichts Schriftliches von mir, so hat er auch nur den Eid; und dabei wird immer das ganze Geschäft (das mir Gegebene und das für ihn Ausgelegte) in demselben Eid zusammengefaßt. ... Wenn Sie es also für nötig halten, so übergeben Sie dem Krück die Rechnung mit dem Brief nicht eher, als bis er schriftlich erklärt hat: „Ich bekräftige hiermit den mit W. Hübsch im Jahr 1833 mündlich abgeschlossenen Auftrags-Vertrag feierlich und heiße gut, was er meine Reiseangelegenheiten nach N. Amerika betreffend verfügt und mit meinen Effekten vorgenommen hat, auch was er an Personen, die für meine eigene oder gemeinschaftliche Rechnung angenommen worden sind, an Überbringungskosten gezahlt hat; vorausgesetzt, daß er meine Angelegenheiten treu und redlich besorgt habe. Weinheim, d.... 1836." Sie können ja sagen, daß dies nur eine Vorsicht sei, wenn er selbst schnell sterben sollte und man meine Urkunde bei seinem Nachlaß fände, wo mir dann seine böse Frau alles in Abrede stellen könne. Ich zweifle jedoch nicht, daß Krück sich in allem ausfinden wird, da er an manche Auslage nicht gedacht und seine Forderung nur um 100 Gulden höher ist. Es schmerzt mich sehr, daß Sie auch hier noch eine Unannehmlichkeit wegen mir haben müssen. Krück kann es nicht verantworten, wenn er Sie durch sein Benehmen beleidigt hat und auf diese Art für die viele Freundschaft, die Sie ihm erzeigten und für die Opfer, die ich ihm gebracht, und die Mühseligkeit, die ich noch wegen ihm haben werde, dankte. Tausend Küsse

Ich habe zur Vorsorge keinen Namen unterschrieben. Dies nützt doch etwas.

## Brief an Krück

Lieber Freund!

Obschon ich seit meinem Hiersein immer vergeblich auf einige Zeilen von Dir gehofft hatte, so hätte ich Dir doch endlich einmal zuerst geschrieben, wenn ich nach den Briefen von Heintze nicht immer wäre in der Vermutung bestärkt worden, Du würdest selbst hierher kommen, und mein Brief würde Dich dann vielleicht nicht mehr zu Haus antreffen; denn unnötige Briefe zu schreiben gewährt einem dieses Land keine Zeit. Meine Eltern werden Dir aus meinen Briefen mitgeteilt haben, auf welch nachteilige Weise ich das Land dahier in der späteren Zeit kennengelernt habe. Es ist mir über alles lieb, daß Du nicht durch die ersten Nachrichten getäuscht hierhergekommen bist, denn weder für Deinen Körper noch für Dein Gemüt taugt dieses Land auch nur im Geringsten. Bei meiner Heimreise durch Illinois, Indiana, Ohio etc. werde ich ganz besondere Aufmerksamkeit darauf verwenden, ein Plätzchen in Rücksicht auf Dich aufzufinden; denn nur dort wird es Dir behagen, wie ich aus allen jetzt eingezogenen Nachrichten schon weiß. Vorausgesetzt natürlich, daß Du noch gesonnen bist, nach Amerika zu gehen. Im Ohio-Staat sollen ganze Dörfer aus lauter gebildeten Deutschen bestehen, so wie im Allgemeinen sehr viele deutsche Ortschaften daselbst sind. Es vergehen wenige Tage, wo nicht zwischen Adam und mir die Rede auf Dich kommt; an Stoff fehlt es uns nicht. Von den Bremer Geschichten wagen wir selten zu sprechen, denn hiervon stehen uns beiden die Haare jetzt noch zu Berg. Unsere Hauptunterhaltung dreht sich jetzt darum, wie Du in Weinheim lebst, ob bei Deiner Frau oder wo, ob die liebe Jugend schon so reif geworden ist in den 3 Jahren, daß sie Dir vielleicht auf der Gasse „sieh der Amerikaner!" nachrufen wird? und Ähnliches mehr.

Der Grund, warum ich die pekuniären Verhältnisse, welche zwischen uns vermöge des mir von Dir erteilten Auftrags obwalteten, noch nicht durch eine Abrechnung ins Reine gebracht habe, ist, wie gesagt, der, daß ich immer erwartete, Dich hier ankommen zu sehen und zuletzt bei meiner schon vor einem Jahr beschlossenen Abreise voraussetzen durfte, die Sache zu Haus abmachen zu können. Daß ich Grund hatte, vor einer schriftlichen Abrechnung Abneigung zu haben, wirst Du aus der weitläufigen Erklärung sehen, welche ich bei jedem Posten der Rechnung geben muß und welche trotz der möglichsten Deutlichkeit von meiner Seite kaum ausreichen wird, Dich so über alles aufzuklären, wie ich es wünsche. Ich will nun anfangen, jeden Posten der Reihe nach so gut als möglich zu erläutern.

Du hast mir schon in Weinheim den Auftrag gegeben, alle Deine Anliegenheiten zu besorgen, welche Deine vorgehabte Reise nach N. Amerika bezweckten. Du über gabst mir, dieses zu bewerkstelligen und alle daraus schon entsprungenen Rückstände zu berichtigen, in dem Wirtshause zu Bremen achtzig Friedrichsd'or; neunzehn Napoleonsd'or nahm ich mit Deinem Gutheißen aus Deiner Goldgurte in dem Rathaus, wovon ich Dir einen wieder zurückgab in dem Gefängnis auf dem Rathaus für den Fall, daß Du auf den Schubb kommen möchtest. Es waren also noch 18 Napoleon. Wie der Kurs des Goldes in Bremen damals war, weiß ich nicht mehr, weil ich den Rest von allem Geld zu einem Wechsel machte und dabei an jedem amerikanischen Taler (den Thlr. zu 2 Gulden 30 gerechnet) 8 und 9 .. (Heller) verlor. Ich habe deshalb in der Rechnung den Kurs der Friedrichsd'or zu 9 Gulden und den der Napoleon zu 9 f. 20 angenommen, wie es mir noch erinnerlich ist. Sollte jedoch der Kurs höher oder niederer gestanden sein, so ist ja dies ins Reine zu bringen, denn dann kostete der amerik. Taler mehr oder weniger Agio[14]. Ich erhielt sodann auf Deine Ordre von Knapp 300 Gulden in Silber zu Bremen den-

---

14 Aufgeld oder Aufschlag.

selben Abend, als Du in das gemeine Stadtgefängnis gebracht worden warst. Sodann erhielt ich bei der Abrechnung auf dem Schiff „Olbers" die 90 Gulden, welche auf Dein Geheiß für den Schneider Jöst als Schiffsfracht schon bezahlt waren, nach einem mehrtägigen Streit wieder zurück. Ich hatte nämlich bei allen Geschäften, die ich um Deine Person in Bremen hatte, noch das Glück, einen versoffenen Lumpen statt des Jöst, welcher davonlief, nachdem schon für ihn die Fracht bezahlt worden war, zu engagieren. Dennoch waren die Herren auf dem Schiff so gescheit, die 90 f. als zum Besten der ganzen Reisegesellschaft verfallen zu erklären; ich setzte jedoch, von meinem Recht durchdrungen, alles aufs Spiel, was ich für meine eigene Sache vielleicht nicht hätte tun können; und als ich den Schiffskapitän und die meisten Passagiere von der Billigkeit meiner Forderung überzeugt hatte, sahen sich die übrigen genötigt, abzustehen. Allein dies war auch der Anfang und Grund meiner großen Verdrießlichkeiten auf dem Schiff. Dein Passagegeld war natürlich verloren, weil Dein Platz in der Kajüte leer war. Wenn ich auch einige Tage vor unserer Abfahrt noch Gelegenheit gehabt hätte, Deinen Platz mit einem anderen zu besetzen, so wäre es doch nicht gegangen, weil wir bis zum Tag unserer Abfahrt Dich frei zu bekommen gehofft hatten, und in einem solchen Fall kein Platz mehr für

Dich auf dem Schiff gewesen wäre. Die ganze Summe der von Dir und für Dich erhaltenen Gelder macht also laut Rechnung dreizehnhundertzweiundvierzig Gulden (1342 f.).

Ich komme nun zu den Ausgaben: es bedarf keiner Erwähnung, daß der Branntweinkessel für uns beide angeschafft worden ist und Dir die Hälfte davon zukommt. Ich mußte ihn mit Verlust verkaufen, nachdem ich mehr als 10 Tage umhergeritten bin, ihn loszubringen. Die Hälfte des Erlöses kommt Dir in Rechnung bei dem Verkauf Deiner Effekten, welche ich Dir erst bei meiner Ankunft in Deutschland ablegen kann, um Unordnung hier zu vermeiden. Der Ankauf einer Matratze für Dich kostete 28 f. Was ich hier dafür lösen werde, kommt Dir später in Rechnung. Ich habe sie schon überall herumgeschleppt mit der meinigen, um sie loszubringen. Wenn ich eine anbringen kann, so sei überzeugt, daß ich die Deinige zuerst verkaufen werde. Wenn auch zu dem einen oder anderen Liebhaber da wären, so haben sie kein Geld; und borgen kannst Du hier keinem Teufel, wenn Du es nicht gleich in den Schornstein schreiben willst. Es ist eben kein Geld hier, und jetzt erst sehe ich ein, welch großes Unglück ein solcher Umstand für ein Land ist. Dem Jöst habe ich ferner noch in Weinheim auf Dein Geheiß 4 preuß. Thaler gegeben. Du hast mir gesagt, ich solle dem Adam Geld geben, wenn er verlange; ich gab ihm demzufolge in Münden 11 f. Die Schiffsfracht von Jöst ad 90 f. ist schon erwähnt. Du hattest für Dich und Adam ⅖ der Schiffsfracht in Weinheim schon bezahlt gehabt; die übrigen drei Fünftel zahlte ich zu Bremen mit 75 und 54 Gulden in Deinem Namen. Du weißt so gut als ich, daß ich Dir immer abgeraten habe, die Berbel Lippert, welche Du anfänglich ganz auf Deine Rechnung mitnehmen wolltest, mitkommen zu lassen; auf Anraten meiner Mutter nahmen wir sie dann in Gemeinschaft mit. Die Auslage zu Land, See und dahier kam mich für jede Person auf 125 f. Berbel zahlte hiervon selbst 11 f. Im Oktober lief sie weg; sie hatte gekocht, also gearbeitet (für mich von N. Orleans an, d.i. ab 3. Mai), also 5 Monate. Ich rechne ihr an dem ganzen Betrag von 114 f. für jeden Monat 6 f. ab, wovon die Hälfte mit 15 f. Dir zu gut kommt; es beträgt demnach Dein Verlust an der Berbel noch 42 f. Dem Knapp mußte ich eine ganze Fuhre mit 34 f. bei Ablieferung Deiner Effekten bezahlen, worüber ich Dir Knapps Quittung mitbringen werde. Ich habe Dir sodann auf Deine Anordnung 15 Bremer Thaler bei Herrn Delius zur eigenen Verfügung hinterlassen, worüber ich jetzt noch die Quittung von Delius in Händen habe. Deine Effekten haben bei 9 amerik. Zentnern gewogen. Der Zentner von Orleans hierher hat allein 75 Cents oder 1

Taler gekostet, ich weiß nicht mehr genau; sodann haben die Kärn (Kärren) auf das Dampfschiff, von dem Dampfschiff und auf die Farmen herum den Rest zu 38 f. gemacht. Soweit die Rechnung für das von Dir erhaltene Geld; und ich wünschte, Du mögest die Klarheit daraus schöpfen, wie ich es beabsichtige. Den Betrag des Agio Deines Wechsels, wovon ich das Geld Jahr und Tag dahier liegen hatte, und eine andere Forderung Knapps für Federn, Nähen usw. ca. 25 f., sowie auch andere Auslagen, die ich hier vergessen haben könnte, weil ich wegen dem Drang der Umstände kleinere Ausgaben nicht aufschreiben konnte, werde ich in der mündlichen Abrechnung über den Verkauf Deiner Effekten in Anrechnung bringen. Diejenigen meiner Sachen, die ich nicht verkaufen kann, werde ich im Stiche lassen; allein dies kann ich mit dem Deinen nicht tun; ich werde daher das Nichtverkaufte mit zu Pflägerer nehmen und daselbst zu Deiner eigenen weiteren Verfügung stehen lassen, wenn ich es Dir auch nicht verkaufen kann. Das Unglück ist eben, daß das Kiefer (Küfer) Gerät hier gar nicht angesehen wird, weil das Handwerk selbst nicht betrieben wird. Deine Kleider sind dem Lumpenvolk nicht nach der Mode und sind auch durch die Reise und das Ungeziefer, trotzdem daß Adam und ich alles mehr als 20 mal an der Luft hatten, etwas stark beschädigt. Dies ist aber allen so gegangen;

mein ganz neuer Frack und Oberrock sind trotz der Sorgfalt so schön plattenweis abgeschoren, daß ich froh war, für den Frack 6 Taler zu bekommen; und den Oberrock will kein Teufel.

Lebe nun wohl und bleibe mein Freund

Dein...

## 11. Brief

15. April 1836.

Liebe Eltern!

Ich sitze gegenwärtig ganz allein bei Licht in meinem Häuschen, um Ihnen diesen Brief zu schreiben, der zugleich diesem Land dahier und namentlich meiner einsamen Gegend in meinem Namen das Lebewohl sagt. Gestern früh gingen Adam und das Mädchen mit einer Fuhre an den Fluß, um daselbst auf ein Dampfschiff zu warten und ebenfalls von hier weg nach Cincinnati zu gehen, wo ich sie wiedertreffen will. Nachdem sie gestern das Haus verlassen hatten, ritt ich in entgegengesetzter Richtung, um noch einiges von Krücks verkauften Effekten ausstehendes Geld einzutreiben, sagte bei dieser Gelegenheit der Sandherr adieu und kam den Abend hierher zurück.

Ich kann nun durchaus nicht sagen, daß ich an dieses Land gefesselt wäre; allein ich muß es doch immer für einen dem menschlichen Gemüte zugefügten Gewaltstreich erklären, von einem Orte, den man 2½ Jahre lang im engsten Sinn des Wortes Heim genannt hat, auf immer Abschied zu nehmen. Es hat mich schon einigermaßen ergriffen, als ich diesen Abend nach Haus kam und von allen verlassen das Häuschen antraf. Allein jetzt, da ich so in der Nacht dasitze und bedenke, daß dies wohl die letzte Nacht ist, welche ich dahier herberge, regen sich doch eigene Gefühle. Ich bin hierin auch durch nichts gestört, denn weder Menschen noch Hunde noch sonst ein Stück Vieh außer meinem edlen Pferd ist um mich. Doch die Hühner sind auch noch da, aber aus dem Grund, weil ich sie nicht verkaufen konnte, denn es ist jetzt nicht die Zeit, wo das Lumpenvolk Hühner frißt. Ich muß sie eben, ähnlich dem Schicksal vieler meiner anderen Sachen, im Stich lassen oder wegschenken. Vorgestern, also einen Tag vor unserer Abreise, erhielt ich den Brief an Adam. Ich muß Sie nun bitten, liebe Eltern, folgendes dem Krück mitzuteilen: obwohl ich schon lange einiger besonderer Zeilen von Krück wert gewesen wäre, so will ich doch den von ihm an Adam geschriebenen Brief als auch an mich gerichtet ansehen, besonders da er von der Hand meines Freundes Blattner geschrieben zu sein scheint. Ich freue mich, daß in diesem Brief Krück sein vollkommenes Zutrauen zu mir und seinen Dank ausspricht; allein aufgefallen ist mir, daß Krück, wie er sagt, 756 f. von Ihnen erhalten hat, da er doch, wie Sie aus meiner an Krück gestellten Abrechnung ersehen werden, nur 602 f. 15 zu bekommen hat. Allein dies

## 11. Brief

macht nichts, da Krück wahrscheinlich an die Posten 1.) der Berbel, 2.) des Knapp, 3.) der Matratze und einige mehr nicht gedacht hat und es ganz natürlich finden wird, sobald er meine Abrechnung erhalten hat, Ihnen das über 602 f. 15 Gezahlte zurückzugeben. Dies wird also gar keinen Anstand geben. Ferner ist mir auffallend, daß Krück, der ... ... seines Verzeichnisses meine Abrechnung noch nicht in Händen gehabt hat, wo ich ihm für den Branntweinkessel 60f als für seine Hälfte in Ausgabe gebracht habe, von dem Branntweinkessel als seiner Hälfte spricht, da ich den ganzen Kessel erst den Tag vor meiner Abreise durch Lippert von meinem Geld bezahlen ließ; es kann jedoch sein, daß mir Krück die für ihn ausgelegten 60 f. 45 schon in seiner Forderung ad 756 f. abgerechnet hatte. Dies wird sich jedoch schon alles gefunden haben oder noch finden, wenn ich hinauskomme. Ferner ist mir jedoch sehr auffallend, daß Krück den Wein und Branntwein mit 40 Gulden in seinem Verzeichnis anführt, wo er doch weiß, daß *ich* alles getrunken habe, er mir auch in Bremen auf dem Rathaus bei meinem Abschied erlaubte, den Wein zu trinken. Bei all dem habe ich ja dem Krück noch keinen Kreuzer für meine Mühe für ihn und das Seine angerechnet. Auch Adam hat sich hierüber gewundert und ist gleich mir überzeugt, daß sich der Wein auf See vielleicht nicht einmal gehalten haben würde. Warum also Krück dies tat, weiß ich nicht und bin sehr begierig, die Ursache aus seinem eigenen Munde zu hören. Den Brief von Sterger haben wir vor 10 Tagen erhalten, gerade als wir fort gewollt und zu dem Behuf die nötigen Anordnungen über Krücks noch nicht verkaufte Effekten getroffen hatten. Da Sterger obendrein lieber das Geld wollte, so übernahm Adam die meisten der noch übrigen Sachen. Es wäre ohnehin unmöglich gewesen, diese an Sterger zu senden, ohne Gefahr zu laufen, daß alles verloren ginge, wie es seither allen gegangen ist; oder daß der Bändel höher gekommen wäre als die Wurst. Dem Sterger habe ich geschrieben, daß ich das Geld für die früher schon verkauften Effekten, mit Krück in Weinheim zu verrechnen habe, da ich auch mit dem größten Teil des Geldes nach Deutschland angewiesen bin. Es tut mir nun unendlich leid, daß dieser gute Mensch darauf rechnet und ich bei meiner Ankunft bei ihm wenig oder gar nichts für ihn habe, da mein Reisegeld selbst ganz gefährlich kurz zugeschnitten ist. Wenn ihm jedoch Krück die Sachen einmal geschenkt hat, so wird er ihm auch den Wert, wenn er denselben von mir in Deutschland erhalten hat, von dort aus zustellen. Die Hälfte beträgt nach dem gerichtlich aufgenommenen Stand 157 f. 10½. Ich habe mich natürlich vorgesehen, habe alle meine Verwaltungsverhandlungen unter Mitwirkung zweier Zeugen vorgenommen, die darüber und über den gegenwärtigen Stand der noch zurückgebliebenen Sachen von dem Friedensrichter beeidigt worden sind. Die ganze Aufnahme dieses gerichtlichen Aktes, von dem oberen Gerichtshof gestempelt, habe ich im Original bei mir und kann es bei meiner Ankunft vorzeigen.

Ich weiß wohl, daß ich diese Vorsicht, die nur Unkosten machte, wegen Krück nicht notwendig gehabt hätte, denn der würde mir schon geglaubt haben; aber wie hätte es ausgesehen, wenn er gestorben wäre? Ich habe nun wegen Krücks Angelegenheiten noch zu bemerken, daß ich an den Sachen die Transportkosten, wie er sagte, abziehen soll; allein dies kann ich nicht mehr ganz, da ich ihm den größten Teil schon in meiner Abrechnung angerechnet habe. Ich habe von Adam Kreis die Quittung über die Hälfte seines Anteils und des Erlöses der Matratze, die ich vorgestern noch das Glück hatte, für 10 f. zu verkaufen, während die meinige noch daliegt. Da ich nun Stergers Hälfte mit Krück in Weinheim abrechne, so kann dann Krück über Stergers Hälfte verfügen, wie er will, kann auch die Transportkosten abziehen, wie er für gut hält. Darauf kann sich Sterger verlassen, daß ich ihm bei meiner Durchreise schon bezahlen werde, was in meinen Kräften steht. Grüßen Sie Krück von mir.

Aus dem ganzen Vorhergehenden werden Sie also ersehen, daß ich schon mit dem Fuß im Steigbügel stehe um abzureisen. Auf jeden Fall gebe ich diesen Brief erst zur Post, wenn ich fortgehe. Ich werde Ihnen, liebe Eltern und Geschwister, unterwegs mehrere Male schreiben, damit Sie doch sehen, ob ich noch am Leben bin. Meine erste Tour ist zu Grollmann, der 2 Tagereisen von hier 5 Meilen auf der Seite wohnt. Ich bin ihm noch seit langer Zeit einiges Geld schuldig, werde ihm dies bezahlen und dann einige Tage noch bei ihm zubringen. Sodann werde ich nach St. Louis gehen, wo ich mich auch einige Tage aufhalten werde, da ich kürzlich von Dr. Engelmann von dort, der letzten Sommer 11 Wochen bei mir war, einen Brief erhielt, worin der mich dringend bittet, meine Reise über St. Louis zu machen, wo er mir meinen Aufenthalt so angenehm als möglich zu machen verspricht.

Auch König werde ich dort sehen; derselbe gibt mit diesem Engelmann und dem Hauptmann Raifeld eine Zeitung für Deutschland heraus, wie Sie vielleicht schon wissen werden. Obschon diese Zeitung einen schönen Zweck hat und einen guten Erfolg haben könnte, so schlagen jedoch diese drei Herren einmal einen sechsbändigen Purzelbaum, der herrlich wird. Diese Unternehmungen haben hier Raupen.

## 11. Brief

Wegen des Kreditbriefes brauche ich nichts mehr zu sagen, wenn Sie meinen letzten Brief erhalten haben. Meine Hoffnung ist, daß der Brief an mich verloren gegangen ist. Es wäre doch nicht zu denken, daß der auszahlende Kaufmann noch nicht in Kenntnis gesetzt sein sollte?

Auf den Fall, daß ich verunglücken sollte, schließe ich Ihnen hier einen Sek. Wechsel ein. Wenn es Ihnen nicht genant ist, könnte ich, wenn ich hinauskomme, den Wechsel selbst erheben, weil ich den Eltern des Aussteller viel von ihrem Sohn erzählen soll (dies ist jedoch kein Muß).

Leben Sie nun alle recht wohl und seien Sie einstweilen tausendmal geküßt von Ihrem Sohn

Wilhelm

## Das Weitere

Schon während meiner Übertragungsarbeit der Briefe unseres Urgroßonkels begann mich die Frage nach dem Fortgang der Ereignisse hüben und drüben, vor allem aber nach Wilhelms weiterem Schicksal zu beschäftigen. Über seinen in Amerika hinterlassenen Besitz und dessen heutigen Zustand konnte ich von Mrs. Rector alles Wissenswerte erfahren. Wilhelms Plantage übernahm, anscheinend direkt von ihm, Philipp Eckhardt, ein deutscher Reisegefährte. Heute ist alles, wie auch die Farmen der meisten anderen damaligen Einwanderer, von den Nachfahren verkauft und wieder Naturland. Die Stadt Littlerock, die damals mit 550 Einwohnern kaum imstande war, die Invasion dieser ersten Einwanderungswelle von 140 Deutschen zu fassen, zählt jetzt 150 000 Einwohner. An der Grenze von Wilhelms Farm kreuzt eine Fernverkehrsstraße – der State Highway Nr. 10 – die kleine Maumelle, und jenseits liegt der Pinnacle Mountain State Park.

Wenn man für Wilhelms Person ein Fazit aus dem Amerika-Aufenthalt zieht, so kommt man zu zwei Ergebnissen: seine ursprüngliche Absicht, der gefährlichen Situation im Badischen

Lande auszuweichen und eine unabhängige wirtschaftliche Existenz in der neuen Welt aufzubauen, konnte Wilhelm nicht verwirklichen. Andererseits jedoch diente diese Erfahrung ihm zu einer Besinnung und Gewissheit über sein Wesen und seine tiefe Verwurzelung in Familie und Tradition. Er war nun imstande, die immer noch andauernde wirtschaftliche Misere zu ertragen und später die ungeheuren Schwierigkeiten, die sein Beruf mit sich brachte, zu bestehen, ohne von seiner geraden Linie abzuweichen. Hiervon zeugen zahlreiche und vielfältige Dokumente, die ich im Generallandesarchiv in Karlsruhe fand und die aus den Personalakten stammen. Das Wichtigste daraus will ich nun in Kürze berichten.

Wieder zu Hause angekommen knüpfte Wilhelm den Faden seiner neuen Existenz direkt dort an, wo er unterbrochen war. Er hatte nämlich vor seiner Amerikareise bei der Badischen Staatskanzlei um einen zweijährigen Urlaub für eine Auslandsreise nachgesucht und meldete sich nun zurück. Die nächsten drei Jahre war er wiederum ohne festen Verdienst. In dieser Zeit überarbeitete er die Familienchronik Hübsch und fügte aus seiner eigenen Erinnerung manche wichtige Einzelheit hinzu (als Stammbuch der Familie Hübsch zu Weinheim, fertiggestellt 1842).

## Das Weitere

Nach den Personalakten setzte er seine berufliche Tätigkeit als unbezahlter Rechtspraktikant fort und mußte sich sogar die Erlaubnis zur Protokollführung bei Prozessen erdienen. Im Juli 1838 – mit 34 Jahren erhielt er für „bisher geleistete Dienste" das erste eigene Geld, 130 Gulden. Am 25. Oktober 1839 meldete er sich auf Aufforderung beim Oberamt Heidelberg, um eine Vertretungsstelle anzutreten. Hier erwarb er sich Anerkennung und Zuneigung bei der Stadtverwaltung, konnte aber trotz einer Bittschrift, unterschrieben von 18 Bürgermeistern der umliegenden Gemeinden, nicht dort bleiben, sondern wurde am 1. Oktober 1840 zum Stadtamt Mannheim versetzt. Sein erstes festes Gehalt erhielt er aber erst nach einer Eingabe an das Innenministerium, in der er erklärte, es vertrüge sich nun nicht mehr mit der Würde seiner Person, ohne Entgelt zu arbeiten. Damals war er 36 Jahre alt und verdiente nun 800 Gulden jährlich.

Am 1. Oktober 1843 wurde er Amtmann in dem hübschen und ihm so sympathischen Städtchen Eberbach/Odenwald. Er löste dort den Advokaten Brentano ab, der sich anscheinend durch liberale Gesinnung bei der großherzoglichen Regierung verdächtig gemacht hatte, aber bei den zumeist revolutionär eingestellten Honoratioren des Städtchens äußerst beliebt gewesen war. So bestand von vornherein eine feindselige Stimmung gegen Wilhelm Hübsch. Brentano war anscheinend ein Bruder des späteren provisorischen badischen Regierungschefs Lorenz Brentano in Mannheim, woraus sich schon von selbst eine Gegnerschaft zum Großherzoglichen Amtmann ergab.

Bei Ausbruch der Märzrevolution 1848 spitzte sich in Eberbach die Lage allmählich so sehr zu, daß Wilhelm sich am 12. März im Rathaus mit wenigen Männern einem „vor Haß kochenden bewaffneten Volkshaufen" gegenübersah und bereit war, sein „Leben in die Schanze" zu schlagen. Hieran hinderte ihn jedoch der Befehl der Regierung, Blutvergießen unter allen Umständen zu vermeiden, und er mußte die Stadt heimlich verlassen. Im Herbst 1848 wurde er ans äußerste Ende Badens, nach Stühlingen versetzt, kam jedoch 1850, nachdem die Revolution endgültig niedergeschlagen war, zum Bezirksamt Philippsburg und wurde dort 1852 Oberamtmann. Erst hier, mit 52 Jahren, war es ihm vergönnt, eine eigene Familie zu gründen. Er heiratete (Karlsruhe 9. August 1856) Auguste Holtz, verw. Witzenmann, eine Tochter des Generalmajors Holtz und seiner Frau Friederike, einer Tochter Weinbrenners. In Philippsburg versah Wilhelm das Amt zwölf Jahre. Am 10. März 1860 bat er um Versetzung nach Baden-

Das Weitere                                177

Baden, da ihm das Philippsburger Amt beschwerlich werde und er mit seiner Familie in Baden-Baden leben wolle, die dort ein Anwesen habe. Dem Gesuch wurde nicht entsprochen, jedoch wurde Wilhelm 1862, also schon mit 58 Jahren, in den Ruhestand versetzt.

Seine letzten 4 Jahre verlebte er in Lichtenthal bei Baden-Baden, wo er am 15. August 1866 verstarb, drei Tage nach dem Tode seiner jüngsten, einjährigen Tochter. Sein Sohn Leopold starb mit neunzehn Jahren, Wilhelms Frau Auguste folgte ihm am 10. Oktober 1889, 64-jährig. Die älteste Tochter Franziska, geb. in Philippsburg 20. August 1857 ist als Bodenseemalerin bekannt geworden. Sie war unverheiratet und starb in Baden-Baden am 14. Oktober 1944, so daß heute keine direkten Nachkommen von Wilhelm Hübsch mehr am Leben sind.

Quellen:
Familienchronik Hübsch
Stadtarchiv Baden-Baden
Generallandesarchiv Karlsruhe.
Karten, Bilder und Informationen über das heutige Arkansas verdanke ich Mrs. Ruth Rector, Shawnee Mission, USA

Hella Hübsch, Freiburg i. Br. Juli 1980

www.ingramcontent.com/pod-product-compliance
Lightning Source LLC
LaVergne TN
LVHW032202070526
838202LV00008B/285